Tao te king

Laotse

Tao te king

Das Buch des Alten vom Sinn und Leben

Aus dem Chinesischen ins Deutsche übertragen
und erläutert von

Richard Wilhelm

atmosphären

Quellen der Weisheit, Band 2

Neuausgabe

Umschlaggestaltung, Layout und Satz: Greenstuff, München
Druck und Bindearbeiten: Westermann Druck, Zwickau
Printed in Germany

ISBN 3-86533-007-X

www.atmosphaeren-verlag.de
www.at-verlag.ch

INHALT

Der Text

Erster Teil / DER SINN

Zweiter Teil / DAS LEBEN

Einleitung zur Neuauflage

von Martina Darga

»Der Weise ist nicht gelehrt,
der Gelehrte ist nicht weise.
Der Berufene häuft keinen Besitz auf.
Je mehr er für andere tut,
desto mehr besitzt er.
Je mehr er für andere tut,
desto mehr hat er.«

Laotse

Vor etwa 2500 Jahren lebte in China ein Mann namens Laozi (auch Laotse). Lange Zeit war er als Archivar am Hofe der Zhou beschäftigt. Als jedoch die Moral im Land zusehends dahinschwand, entschloss Laozi sich, sein Amt niederzulegen und nach Westen zu reisen. Er gelangte zu einem Grenzpass, wo er auf den Passwächter Yin Xi traf. Dieser erkannte die Weisheit des »Alten Meisters« und bat ihn, der Nachwelt etwas Schriftliches zu hinterlassen. Laozi erfüllte ihm den Wunsch und verfasste das »Daode jing« (auch »Tao te king«). Dann überquerte er den Pass und niemand weiß, wo er sein Leben beendete.

So lautet die traditionelle Überlieferung, die auf der ersten und einzigen offiziellen Laozi-»Biographie« in den »Historischen Aufzeichnungen« des Sima Qian (ca. 145–86 v. Chr.) beruht. Mag diese Lebensbeschreibung wohl einer Legende gleichen und historisch nicht verifizierbar sein, so wurde sie dennoch von Generation zu Generation weitergegeben und ist bis heute lebendig geblieben.

Die Frage nach der historischen Authentizität Laozis hat die Wissenschaftler lange Zeit beschäftigt. Heute wird im Allgemeinen davon ausgegangen, dass Laozi eine legendäre Persönlichkeit ist. Für Anhänger des Daoismus und im Volksglauben spielte dies jedoch keine wesentliche Rolle. Die Menschen schmückten Laozis Leben und Wirken mit vielen Legenden aus und erzählten Wunderbares über ihn. Für sie war und ist Laozi ein Weiser, in der wörtlichen Bedeutung seines Namens »der Alte Meister«.

So galt Laozi schon früh nicht nur als Philosoph, sondern als der Meister par excellence. Entstanden doch bereits im ersten vorchristlichen Jahrhundert Heiligenbiographien, die davon berichten, dass Laozi den Passwächter Yin Xi unterwies und ihm den Weg zur Selbstvervollkommnung aufzeigte.

Das »Daode jing« selbst legt detailliert dar, wodurch sich ein »Meister« auszeichnet. Es charakterisiert jenen Menschen, der im Einklang mit dem Dao lebt, und führt dadurch die Möglichkeit menschlicher Vervollkommnung vor Augen. So heißt es im 7. Spruch des Buches (nach der Übersetzung von Richard Wilhelm):

> Der Himmel ist ewig und die Erde dauernd.
> Die Ursache der ewigen Dauer
> von Himmel und Erde ist,
> daß sie nicht sich selber leben.
> Darum können sie dauernd Leben geben.
> Also auch der Berufene:
> Er setzt sein Selbst hintan,
> und sein Selbst kommt voran.

Er entäußert sich seines Selbst,
und sein Selbst bleibt erhalten.
Ist es nicht also:
Weil er nichts Eigenes will,
darum wird sein Eigenes vollendet.

Diese Zeilen können dahingehend gedeutet werden, dass es für einen Menschen unerlässlich ist, seine »Ichhaftigkeit« aufzugeben, damit sich sein wahres Selbst, sein authentisches inneres Wesen entfalten kann.
Von Anbeginn bis heute ist im Daoismus die Suche nach Unsterblichkeit ein Hauptthema. Sie zeigt das dem Menschen innewohnende Bedürfnis nach Transzendenz. Denn zumeist wurde die Unsterblichkeit als die ewige Dauer des eigenen, dem Dao gleichenden inneren Wesens verstanden. In China gab es etwa seit dem 4. Jahrhundert v. Chr. Menschen, die sich Methoden zur Gewinnung von Unsterblichkeit widmeten, den sogenannten Praktiken der Lebenspflege. Für sie wurde das »Daode jing« ein wichtiger Text, denn sie entdeckten in ihm Hinweise zur Pflege des Lebens. Den Laozi betrachteten sie nicht nur als Philosophen und Meister, sondern auch als einen Unsterblichen, der auf vorbildliche Weise ihre Lehren und Praktiken verwirklicht hatte.

Im 2. Jahrhundert n. Chr. wurde Laozi als Gott erkannt und ging als einer der drei höchsten Götter in das daoistische Pantheon ein. Seinen Gläubigen zufolge vollbrachte der »Höchste Herr Lao« Zeichen und Wunder und erschien mehrmals in der Welt, um dort ordnend einzugreifen und die Menschen zu erretten. Die Verehrung des Gottes nimmt in der daoistischen Religion auch heute noch einen wichtigen Platz ein, und die Rezitation des »Daode jing« ist ein wesentlicher Bestandteil religiöser Zeremonien.

Ebenso lebendig wie Laozi ist das ihm zugeschriebene Werk geblieben. Das »Daode jing« hat nicht nur den Daoismus tiefgreifend beeinflusst, sondern die gesamte chinesische Geisteswelt und Kultur. Im Laufe seiner langen Geschichte ist es zu allen Zeiten und in allen Bedingungen stets »aktuell« gewesen.

Das Buch ist in zwei Teile gegliedert – überschrieben mit »Dao« und »De« – und umfasst insgesamt 81 Aussprüche. Weil es aus etwa 5000 Schriftzeichen besteht, nannte man es auch »Fünftausend-Zeichen-Schrift«. Es handelt sich somit um einen relativ kurzen Text, der zudem sehr schlicht erscheint. Zugleich sind Laozis Worte durchtränkt von einer außerordentlichen Tiefgründigkeit. Sie greifen essenzielle Fragen auf, berühren Bereiche weit über unser gewöhnliches Dasein

hinaus und stellen sich gleichzeitig konkreten Lebenssituationen.
Das Buch entstand in einer historischen Periode, in der das Chaos herrschte. China war in kleine Staaten unterteilt, die sich zum einen gegen die einfallenden Nomaden aus dem Norden zu verteidigen hatten und zum anderen heftig gegeneinander um die Vormachtstellung im Reich kämpften. Altbewährte gesellschaftliche und politische Strukturen zerfielen. Gelehrte und Philosophen reisten von Staat zu Staat, beseelt von dem Wunsch, den Herrschern ihre Ideen zur Wiederherstellung der Ordnung zu unterbreiten. Die rechte Staatsführung war ein zentrales Thema aller damaligen Philosophenschulen. So widmete sich auch das »Daode jing« dieser Frage in mehreren Passagen, in denen es sich freilich an einen Herrscher und nicht an das Volk richtete.
Das »Daode jing« ist ein sehr vielschichtiges Werk. Es kann als philosophisches, mystisches und politisches Buch betrachtet werden und nicht zuletzt als eine Anleitung, Langlebigkeit zu gewinnen. Wie schon gesagt ist es auch im religiösen Kontext von Bedeutung. So praktisch seine Lehren in mancher Hinsicht sein mögen, nicht selten ziehen sie sich ins Geheimnisvolle zurück und beschwören Rätsel herauf. Denn weder sind sie einfach zu verstehen noch eindeutig zu interpretieren. Laozi selbst sagte (70. Spruch):

Meine Worte sind ganz leicht zu verstehen
und ganz leicht auszuführen,
und doch ist niemand auf Erden im Stand
sie zu verstehen und auszuführen.

Vielleicht war es gerade die geheimnisvolle Vielschichtigkeit, die seit alters berühmte Denker in ihren Bann zog. Vom 3. Jahrhundert v. Chr. an entstanden allein in China Hunderte Kommentare. Sie wurden von Menschen unterschiedlicher religiöser und philosophischer Anschauung verfasst, von Daoisten ebenso wie von Konfuzianern und Buddhisten, und weisen sehr verschiedenartige Auslegungen auf. Als sich das »Daode jing« über die Grenzen Chinas hinaus verbreitete, machten sich Menschen in der ganzen Welt an seine Deutung.

Die Entstehungszeit des »Daode jing« wird im 4. Jahrhundert v. Chr. angesetzt. Sprachliche und inhaltliche Unterschiede einzelner Textpassagen legen die Wahrscheinlichkeit nahe, dass das Buch eine Sammlung von Aussprüchen verschiedener Meister ist. Vermutlich bestand zunächst eine mündliche Überlieferung in einzelnen daoistischen Kreisen. Diese Lehren wurden dann aufgezeichnet und schließlich im »Daode jing« vereint.

Wie wir heute wissen, existierte das »Daode jing« in unterschiedlichen Versionen. Die in China verbreitete Fassung geht auf einen von Wang Bi (226–249) kommentierten Text zurück, der seinerseits beinahe allen westlichen Übersetzungen zugrunde liegt, so auch der vorliegenden. Lange Zeit war dies das einzig bekannte »Daode jing«. Doch in den Jahren 1973 und 1993 entdeckten Archäologen in zwei chinesischen Gräbern zwei weitaus ältere Textfassungen. Die eine stammt aus dem 2. vorchristlichen Jahrhundert, die andere etwa aus der Zeit des späten 4. oder frühen 3. Jahrhunderts v. Chr. Somit sind sie 500 bis 700 Jahre älter als das uns bislang bekannte »Daode jing«, zu dem sie auch inhaltliche und sprachliche Unterschiede aufweisen. Die Erforschung dieser frühen Texte dauert noch an.
In China betrachtete man das »Daode jing« als einen sakralen Text. Zum »Klassiker«, jing, erhoben wurde es dann seit dem 9. Jahrhundert auch offiziell gelehrt. Den Daoisten gelten die Klassiker nicht nur als herausragende Werke, sondern als heilig.
Das »Daode jing« ist das älteste Schriftzeugnis des Daoismus und spielt in allen daoistischen Strömungen eine große Rolle. Erstmals spricht es vom Dao (Tao) als dem Absoluten, der höchsten Wahrheit und Wirklichkeit. Diese kann wohl in der Erfahrung erfasst, aber

nicht mit Worten ausgedrückt werden. Gleich zu Beginn führt das »Daode jing« aus:

Der SINN, den man ersinnen kann,
ist nicht der ewige SINN.
Der Name, den man nennen kann,
ist nicht der ewige Name.
Jenseits des Nennbaren liegt der Anfang der Welt.
Diesseits des Nennbaren liegt die Geburt
der Geschöpfe.
Darum führt das Streben nach dem Ewig-Jenseitigen
zum Schauen der Kräfte,
das Streben nach dem Ewig-Diesseitigen
zum Schauen der Räumlichkeit.
Beides hat Einen Ursprung und nur
verschiedenen Namen.
Diese Einheit ist das Große Geheimnis.
Und des Geheimnisses noch tieferes Geheimnis:
Das ist die Pforte der Offenbarwerdung aller Kräfte.

Das Dao, in der Übersetzung von Richard Wilhelm der »Sinn«, wird verstanden als der Urgrund des Universums. Es ist die höchste Leere, das »Nichtsein« und die Ureinheit. Gleichzeitig birgt es in sich die Keime aller Erscheinungen in der Welt.
»Dao« ist ein Wort der chinesischen Alltagssprache. Doch zunächst hatte man es zur Bezeichnung eines »Weges« gebraucht, sei es eines Pfades in der Natur

oder eines geistigen Weges. Die im »Daode jing« dargelegte Auffassung vom Dao als dem Absoluten prägte den gesamten späteren Daoismus wie auch die chinesische Kultur generell.

Die Wirkkraft des Dao, die sich wahrnehmbar in der Welt manifestiert, wird im »Daode jing« De (Te) genannt. Richard Wilhelm übersetzt diesen Begriff mit »Leben«. Die Bedeutung von De wird zwar nicht streng definiert, doch Textstellen wie der 49. Spruch beschreiben diese Qualität, die sich auch im Dasein und in der Lebensführung eines weisen Menschen manifestiert:

Der Berufene hat kein Herz für sich.
Er macht der Leute Herz zu seinem Herzen.
Zu den Guten bin ich gut,
zu den Nichtguten bin ich auch gut;
denn das LEBEN ist die Güte.
Zu den Treuen bin ich treu,
zu den Nichttreuen bin ich auch treu;
denn das LEBEN ist die Treue.
Der Berufene lebt in der Welt ganz still,
aber er macht sein Herz für die Welt weit.
Die Leute alle starren auf ihn und horchen.
Und der Berufene behandelt sie alle als seine Kinder.

Dadurch dass ein Weiser mit dem Dao eins ist und das De bekundet, hebt er sich von den gewöhnlichen Menschen ab. Gleichzeitig zieht sein stilles Wirken und sein offenes Herz alle anderen Menschen an. Intuitiv erkennen sie seine Weisheit und seine – im wahren Sinn des Wortes – Selbstlosigkeit. Sie wenden sich dem Weisen zu und nehmen ihn für sich zum Vorbild. Daoistischer Vorstellung gemäß sollte der Herrscher idealerweise ein Weiser sein.

Der Gehalt von Begriffen wie »Dao« und »De« lässt sich schwerlich vollständig in einer Sprache erfassen, die mit völlig anderen weltanschaulichen, geistigen und religiösen Hintergründen verwoben ist als die chinesische. Da verwundert es nicht, dass Übersetzer häufig zentrale chinesische Begriffe einfach beibehalten. Richard Wilhelm dagegen ist im vorliegenden Buch das Wagnis eingegangen, das eine solche Übersetzung in sich birgt.

Richard Wilhelms Übersetzung des »Daode jing« erschien 1911. Sie steht in der Tradition jener wissenschaftlichen Veröffentlichungen, die sich um eine authentische Darstellung der chinesischen Geisteswelt bemühten, was nicht immer selbstverständlich war. Die erste Übertragung des Buches in eine europäische Sprache, nämlich ins Lateinische, wurde im Jahr 1788 von Jesuitenmissionaren publiziert. Damals war man noch sehr bestrebt, christliche Lehren in das Werk hineinzudeuten. Erst in der Mitte des 19. Jahrhunderts begannen einige Wissenschaftler, die chinesische Weltanschauung als eigenständig anzuerkennen. Seit dieser Zeit wurde das »Daode jing« in beinahe alle Sprachen übertragen und zählt zu den am häufigsten übersetzten Büchern der Welt.

Richard Wilhelm (1873–1930) lebte mehr als zwei Jahrzehnte in China. 1899 war er im Auftrag der Ostasienmission in die deutsche Kolonie Qingdao gereist, um dort als Pfarrer, Missionar und Lehrer tätig zu werden. 1920 kehrte zunächst seine fünfköpfige Familie und kurz darauf auch er wieder nach Deutschland zurück. Doch nur zwei Jahre später begab sich Richard Wilhelm erneut nach China, dieses Mal als wissenschaftlicher Berater der deutschen Gesandtschaft und Universitätsdozent in Peking.

1924 folgte Richard Wilhelm dem Ruf der Universität in Frankfurt am Main. Neben seiner Professorentätigkeit am Lehrstuhl für Chinesische Geschichte und Philosophie widmete er sich der Übersetzung und Herausgabe bedeutender Schriften der chinesischen Philosophie und Religion. Von der großen Anzahl seiner Veröffentlichungen wurden vor allem seine Übersetzungen des »Yijing« (»I Ging«) und des »Daode jing« (»Tao te king«) berühmt. Auf bemerkenswerte Weise gelang es dem »Botschafter zwischen den Welten«, geistige Kulturgüter Chinas nach Deutschland und Europa zu tragen.

Seine Übersetzung des »Daode jing« ist inzwischen über 90 Jahre alt. Sie mag in mancher Hinsicht nicht mehr dem derzeitigen sinologischen Forschungsstand entsprechen. Und doch zählt sie auch heute noch zu den wichtigsten Übersetzungen dieser bedeutenden Schrift. Sprechen aus ihr doch Offenheit und Achtung der fremden Kultur gegenüber sowie ein tiefes Einleben und Verständnis für die chinesische Geisteswelt.

Die Welt des »Daode jing« vermag nicht auf gewohnte Weise ergründet werden. Um Früchte tragen zu können, bedarf die Begegnung zwischen Text und Leser einer Freiheit und Offenheit von Geist und Gefühl. Der Leser trifft auf uralte Worte, zuweilen auf eine verschlüsselte Sprache. Diese Sprache dient als Mittel. Sie gleicht – um ein daoistisches Bild zu verwenden – dem Finger, der auf den Mond deutet, aber nicht der Mond selbst ist. Sie gleicht dem Boot, das zurückgelassen werden kann, wenn sein Passant das andere Ufer erreicht hat. Zwangsläufig werden Worte gebraucht. Doch es sind Worte, die etwas erahnen lassen möchten, was weit über alle Worte hinausgeht – nämlich die Ebene des Dao: das tiefste Geheimnis und die höchste Wirklichkeit, die wahre Stille und die ewige Dauer.

Einleitung zur Originalausgabe

von Richard Wilhelm (1923)

Was wir von dem Verfasser der vorliegenden Aphorismensammlung historisch Beglaubigtes wissen, geht sehr eng zusammen. Es ist so wenig, daß die Kritik, die auf dem Gebiet der Sinologie noch in den Anfangsstadien der Schärfe ist, vielfach gar nichts mehr davon bemerkte und ihm samt seinem Werk im Gebiet der Mythenbildung den Platz anwies. Der Autor selbst würde seiner ganzen Art nach auch dagegen wenig einzuwenden haben. Auf Berühmtheit hat er nie Wert gelegt, und er hat es verstanden, sich vor den Augen der Welt gut zu verbergen, sowohl zu seinen Lebzeiten als auch nach seinem Tode. »Sein Streben war, sich selbst zu verbergen und ohne Namen zu bleiben«, ist das Urteil des chinesischen Geschichtsschreibers Si Ma Tsiën (163–85 v. Chr.) über ihn. Diesem Geschichtsschreiber verdanken wir die wesentlichen Daten über sein Leben, mit denen wir uns abzufinden haben. Der Name Laotse, unter dem er in Europa bekannt ist, ist gar kein Eigenname, sondern ein Appellativum und wird am besten übersetzt mit »der Alte«*.

Er hatte den Geschlechtsnamen Li, der an Häufigkeit in China den deutschen Namen Maier noch übertrifft;

* Der Versuch, »Lao tse« mit »die alten Philosophen« wiederzugeben und somit nur einen Sammelnamen für viele Weise aus dem Altertum darin zu sehen (H. Gipperich), ist sprachlich unmöglich. Lao heißt »senex«, nicht »vetus«, »Veteres« heißt auf chinesisch »gu jen«.

sein Jugendname war Erl (Ohr), sein Gelehrtenname war Be Yang (Graf Sonne), nach dem Tode erhielt er den Namen Dan bzw. Lao Dan (wörtlich: altes Langohr, sinngemäß übersetzt: alter Lehrer). Er stammt wohl aus der heutigen Provinz Honan, der südlichsten der sogenannten Nordprovinzen, und mag wohl ein halbes Jahrhundert älter gewesen sein als Kung, so daß seine Geburt auf das Ende des 7. vorchristlichen Jahrhunderts fällt. Im Lauf der Zeit hatte er am kaiserlichen Hof, der damals in Loyang (in der heutigen Provinz Honan) war, ein Amt als Archivar bekleidet. Damals sei es gewesen, daß Kung bei seiner Reise an den Kaiserhof mit ihm zusammengetroffen sei. Über dieses Zusammentreffen der beiden Heroen ist in der chinesischen Literatur viel die Rede. Außer in dem erwähnten historischen Werk wird auch in dem Werk Li Gi, das der konfuzianischen Schule entstammt, ferner in den – allerdings ziemlich späten – »konfuzianischen Schulgesprächen« (Gia Yü) sowie in der taoistischen Literatur von verhältnismäßig früher Zeit an dieses Zusammentreffen direkt oder indirekt erwähnt. Jedenfalls war dieses Zusammentreffen in der Zeit der Han-Dynastie (zwei Jahrhunderte v. Chr.) schon so geläufig im Volksbewußtsein, daß wir in den berühmten Grabskulpturen in Westschantung (bei Gia Siang) eine bildliche Darstellung davon finden, wie Kung bei seinem Besuch dem Laotse als Ehrengabe einen Fasan überreicht. Über die Gespräche, die bei dieser Gelegenheit geführt wurden, finden sich mannigfaltige Berichte. Sie stimmen alle darin überein, daß Laotse über die Heroen der Vorzeit, die geehrten Vorbilder Kungs, ziemlich absprechend urteilt und ihn von der Hoffnungslosigkeit seiner Kulturbestrebungen zu überzeugen sucht, während Kung seinen Jüngern gegenüber sich voll Hochachtung über den unfaßbar tiefen Weisen äußert, indem er ihn mit dem Drachen vergleicht, der sich zu den Wolken erhebt. Im ganzen läßt sich der Stoff der aufgeführten Unterredung aus den Äußerungen des Taoteking, sowie aus den Erzählungen von dem Zusammentreffen Kungs mit den »verborgenen Weisen« in »Gespräche« Buch 18 ungefähr zusammenstellen. Es ist klar, daß sich über den Wortlaut dieser Unterredung nichts Zuverlässiges mehr feststellen läßt. Ob man die ganze Unterredung geneigt ist, ins Reich der Fabel zu verweisen hat, ist schwer zu entscheiden. Zu denken gibt ja, daß sich in den »Gesprächen«, wo mehrere andere derartige Begegnungen erwähnt werden, nichts darüber findet).

Als die öffentlichen Zustände sich so verschlimmerten, daß keine Aussicht auf Herstellung der Ordnung mehr vorhanden war, soll Laotse sich zurückgezogen haben. Als er an den Grenzpaß Han Gu gekommen sei, nach späterer Tradition auf einem schwarzen Ochsen reitend, habe ihn der Grenzbeamte Yin Hi gebeten, ihm etwas Schriftliches zu hinterlassen. Darauf habe er den Taoteking, bestehend aus mehr als 5000 chinesischen Zeichen, niedergeschrieben und ihm übergeben. Dann sei er nach Westen gegangen, kein Mensch weiß wohin. Daß auch an diese Erzählung sich die Sage geknüpft hat, die Laotse nach Indien führte und dort mit Buddha in Berührung kommen ließ, ist verständlich. Bei den späteren Auseinandersetzungen zwischen den beiden Religionen behaupteten beide, daß der Religionsstifter der andern bei dem der eigenen Religion gelernt habe. In Wirklichkeit ist der Han Gu-Paß nur im Westen des damaligen Staates Dschou, aber noch mitten in China. Irgendeine persönliche Berührung zwischen Laotse und Buddha ist vollkommen ausgeschlossen. Man hat da spätere Zustände in das historische Bild zurückgetragen.

Aber dabei blieb es nicht. Gerade weil das Leben des »Alten« der Forschung so wenig Anhalt bot, konnte die Sage um so freier damit schalten. Die Persönlichkeit des verborgenen »Alten« wuchs immer mehr ins Riesengroße und zerfloß schließlich zu einer kosmi-

schen Gestalt, die zu den verschiedensten Zeiten auf Erden erschienen sei. Die albernen Spielereien mit der Bezeichnung Laotse (die auch mit »altes Kind« übersetzt werden kann) brauchen in unserem Zusammenhang nicht erwähnt zu werden.
Aus dieser Spärlichkeit und Unsicherheit der Nachrichten ergibt sich klar, daß wir über das Werk des Laotse wenig Aufschluß gewinnen können aus seiner Lebensgeschichte. Wie alles Geschichtliche, so löst sich auch das Lebensgeschichtliche für den Mystiker auf in wesenlosen Schein. Und doch spricht uns aus den vor uns liegenden Aphorismen eine originale und unnachahmliche Persönlichkeit an, unseres Erachtens der beste Beweis für ihre Geschichtlichkeit. Aber man muß das Gefühl für solche Dinge haben, streiten läßt sich darüber nicht. Schließlich kommt der Frage kein entscheidendes Gewicht zu. Der Taoteking ist jedenfalls vorhanden, einerlei wer ihn geschrieben hat.

Das Werk

Weit mehr als von dem persönlichen Lebensgang des Verfassers ist von seinem Werk in der chinesischen Literatur die Rede. Zum mindesten ein Ausspruch daraus wird in den Gesprächen des Kung erwähnt und kritisiert (Buch XIV, 3, pag. 163). Nun ist ja nicht ausgeschlossen, daß dieser Ausspruch aus weiter zurückliegenden Quellen stammt, die auch unabhängig von Laotse zugänglich waren. Aber wir sind auf diese Bezeugung nicht allein angewiesen. In erster Linie wird man in der taoistischen Literatur nach Zitaten suchen müssen. Und in der Tat fehlt es hier auch nicht daran. Es läßt sich konstatieren, daß von den 81 Abschnitten des Taoteking in den bedeutendsten taoistischen Schriftstellern der vorchristlichen Zeit weitaus der größte Teil sich zitiert findet. So schon in Lië Dsï (herausgegeben im 4. Jahrhundert v. Chr.) 16 Abschnitte. Dschuang Dschou (bekannt als Tschuangtse), der glänzendste Schriftsteller des Taoismus, der im 4. Jahrhundert lebte, hat seine ganzen Ausführungen durchgängig auf die Lehren des Taoteking basiert, so sehr, daß er sich ohne sie nicht denken läßt. Han Fe Dsï, der 230 v. Chr. unter Tsin Schï Huang Di starb, hat in Buch 6 und 7 eine teilweise sehr ausführliche Erklärung von zusammen 22 Abschnitten. Huai Nan Dsï endlich, ein Zeitgenosse Sï Ma Tsiëns (gest. 120), Buch 12, erläutert der Reihe nach, meist durch historische Beispiele, 41 verschiedene Abschnitte. Im ganzen bekommen wir mindestens 3/4 der Abschnitte auf diese Weise bezeugt. Das sind ganz günstige Verhältnisse für ein Werkchen von der

Kürze des Taoteking. Es spricht aber auch dafür, daß der Taoteking keine buddhistische Fälschung aus später Zeit ist, es sei denn, daß man ihn auch der großen Fabrik Sï Ma Tsiën & Co. entstammen läßt, die entdeckt zu haben Mr. Allen die Ehre hat.
In der Han-Dynastie wenden sich mehrere Kaiser dem Studium des Taoteking zu, so besonders Han Wen Di (197–157 v. Chr.), dessen friedliche und einfache Regierungsart als direkte Frucht der Lehren des alten Weisen bezeichnet wird. Sein Sohn Han Ging Di (156–140) legt endlich dem Buch die Bezeichnung Taoteking (Tao Te Ging, d.h. »das klassische Buch vom Sinn und Leben«) bei, die es seither in China behalten hat.
Han Wen Di soll das Buch von Ho Schang Gung (dem »Herrn am Fluß«) erhalten haben, der auch einen Kommentar dazu geschrieben habe. Über die Person dieses Mannes, dessen Namen niemand weiß, ist man sich keineswegs im klaren. Auch chinesische Autoren (allerdings aus späterer Zeit) haben seine Existenz bezweifelt. Doch beginnen von jener Zeit an die Kommentare häufiger zu werden. Im Katalog der Han-Dynastie sind allein drei aufgeführt. Der älteste der zuverlässigen Kommentare, die jetzt noch vorhanden sind, ist der von Wang Bi, dem wunderbar begabten Jüngling, der im Jahr 249 n.Chr. im Alter von 24 Jah-

ren starb. Von da ab häufen sich die Kommentare aller Schattierungen. Selbst der Begründer der gegenwärtigen Dynastie hat unter seinem Namen einen sehr berühmten Kommentar herausgeben lassen. Es würde zu weit führen, hier das Detail aufzählen zu wollen. Daß ein Werk wie der Taoteking in den Stürmen der alten Zeit auch manches zu leiden hatte, so daß der Text keineswegs in glänzendem Zustand ist, braucht nicht erst bewiesen zu werden. Die Erklärungen zu den einzelnen Abschnitten werden sich genauer damit zu beschäftigen haben. Die Einteilung in Abschnitte ist nicht ursprünglich, nur die zwei Hauptteile vom »SINN« (Tao) und vom »LEBEN« (Te), nach den Anfangsworten der betreffenden Teile, scheinen ganz alt zu sein. Sie wurden dann in der Bezeichnung »Tao Te Ging« zusammengefaßt. Die von uns beibehaltene Einteilung in 37 und 44 Abschnitte und die – nicht immer sehr zutreffenden – Überschriften gehen angeblich auf Ho Schang Gung zurück.

Die ältesten Holzschnittdrucke finden sich in der Zeit der Sung-Dynastie.

Historische Stellung

Das Licht des chinesischen Altertums konzentriert sich in den beiden Brennpunkten Kungtse und Laotse. Um ihre Wirksamkeit würdigen zu können, muß man sich die historischen Verhältnisse vergegenwärtigen, unter denen sie gelebt haben. Das ist ohne weiteres klar für Kungtse. Er lebt in der Wirklichkeit. Darum ist er mittendrin in historischen Beziehungen. Die »Gespräche« z.B. sind voll von Erwähnungen und Beurteilungen historischer Persönlichkeiten der Gegenwart und der Geschichte. Würde man diese Beziehungen alle streichen, so bliebe er unverständlich. Ebendarum steht er dem europäischen Geistesleben, das andere historische Zusammenhänge hat, bis auf den heutigen Tag so fremd gegenüber, und andererseits ist das der Grund, daß er das chinesische Geistesleben Jahrtausende hindurch so ungemein stark beeinflußt hat. Was Laotse anlangt, so scheinen die Verhältnisse ganz anders zu liegen. Kein einziger historischer Name ist in seinem ganzen Büchlein genannt. Er will gar nicht in der Zeitlichkeit wirken. Darum verschwimmt er für das historisch gerichtete China in nebelhafte Fernen, da ihm niemand zu folgen vermag. Und ebendas ist der Grund, warum er in Europa so große Wirkungen ausübt trotz des räumlichen und zeitlichen Abstands, der ihn von uns trennt. Sehr gut schildert der japanische Kommentar des Dazai Shuntai die Grundsätze der beiden. Erst gibt er einen kurzen Überblick über die Zeitverhältnisse und fährt dann fort, Kungtse habe das Volk angesehen wie Kinder, die aus Unvorsichtigkeit dem Feuer oder Wasser zu nahe gekommen und die man unter allen Umständen retten müsse. Er habe wohl erkannt, wie schwer die Rettung sei, aber die Verpflichtung zu retten sei darum doch nicht von ihm gewichen. So habe er jedes erdenkliche Mittel versucht, um die Lehren der alten Heiligen auf dem Thron, in denen er das Heilmittel sah, zur Anwendung zu bringen. Darum sei er die beste Zeit seines Lebens rastlos umhergewandert, um einen Fürsten zu finden, der geneigt gewesen wäre, diese Lehren anzuwenden. Nicht leere Geschäftigkeit oder eitle Ruhmsucht habe ihn zu diesen verzweifelten Anstrengungen gebracht, sondern die unerbittliche Pflicht zu helfen, weil er sich im Besitz der Mittel zur Hilfe wußte. Und als schließlich alles vergeblich war, weil die Verhältnisse so sehr aus den Fugen waren und ihm die Umstände auf keine Weise zu Hilfe kamen, da habe er resigniert. Aber auch dann noch habe er seine Verpflichtung nicht vergessen und habe im Kreise seiner Jünger und durch seine literarische Tätigkeit eine Überlieferung geschaffen, durch die wenigstens der Grundriß der alten guten Gesellschaftsordnung der Nachwelt aufbewahrt würde und seine Lehren als Samenkorn auf die Zukunft kämen, daß, wenn die Verhältnisse sich je wieder günstig gestalteten, ein Anhaltspunkt vorhanden wäre, um die Welt wieder in Ordnung zu bringen. Laotse dagegen habe erkannt, daß die Krankheit, an der das Reich litt, keine solche war, der man mit irgendwelchen Medizinen – und wären es die besten – beikommen könne. Denn der Volkskörper war in einem Zustand nicht zum Leben und nicht zum Sterben. Wohl hätten in früheren Zeiten auch böse Zustände geherrscht, aber damals sei das Böse sozusagen verkörpert gewesen in irgendeinem Tyrannen, während der Grimm des Volkes in starker Reaktion sich um einen edlen Neuerer geschart und so mit energischer Tat an Stelle des Alten eine bessere neue Ordnung gesetzt habe. Anders zur Zeit der endenden Dschou-Dynastie. Weder starke Laster noch starke Tugenden seien vorhanden gewesen. Das Volk seufzte zwar unter dem Druck seiner Oberen, aber es hatte nicht mehr die Kraft zu einer energischen Willenstat. Die Fehler waren keine Fehler und die Verdienste waren keine Verdienste. Und tiefgreifende innere Unwahrhaftigkeit hatte alle Verhältnisse durchfressen, so daß nach außen hin Menschenliebe, Gerechtigkeit und Moral noch immer verkündigt wurden als hohe Ideale, während im Innern Gier und Habsucht alles vergifteten. Bei solchen Zuständen mußte jedes Ordnen die Unordnung nur mehren. Solch einer Krankheit ist nicht mit äußeren Mitteln zu helfen. Besser, man läßt den angegriffenen Körper erst einmal zur Ruhe kommen, damit er durch die Genesungskräfte der Natur sich erst wieder einmal erhole. Das sei der Sinn des Vermächtnisses gewesen, das er bei seinem Scheiden aus der Welt in den 5000 Worten des Taoteking hinterlassen habe.

Diese im Auszug wiedergegebenen Ausführungen erklären zur Genüge die Geschichtsmüdigkeit Laotses und warum er kein einziges historisches Beispiel in seinem Werkchen erwähnt. Wenn auch in anderem Rhythmus und mit anderer Betonung, hat um die Mitte des 18. Jahrhunderts Rousseau in seinem »Zurück zur Natur« dieselbe Wahrheit verkündet. Dennoch würde es verkehrt sein, Laotse aus dem Zusammenhang des chinesischen Geisteslebens herauszuschälen; denn er ist mit tausend Fäden damit verknüpft. Wohl fällt das Geschichtliche als solches nicht in seinen Gesichtskreis. Aber er hat das chinesische Altertum dennoch gekannt, wozu ihm ja schon seine Stellung am Reichsarchiv Gelegenheit bot. Und er hat seine Lehren verkündigt in Anknüpfung an und unter unbedenklicher Verwertung von alten Weisheitssprüchen. Sein Buch ist voll von Zitaten, sowohl ausdrücklichen als auch – und das vielleicht noch mehr – stillschweigenden. Schon der eine Umstand, daß Abschnitt 6 des Taoteking von Lië Dsï dem gelben Kaiser, einem mythischen Herrscher der grauen Vorzeit, zugeschrieben wird, zeigt, daß offenbar manches im Taoteking steht, was auch anderwärts überliefert war. In derselben Richtung liegt es, wenn Tu Tao Gien (nach St. Julien) alle die Stellen, die mit »also auch der Berufene« beginnen, einem ebenfalls auf den Kaiser zurückgeführten Buch (San) Fen (Wu) Diën entstammen läßt. Im einzelnen wird es schwer oder unmöglich sein, allen solchen Zitaten auf die Spur zu kommen. Es ist für die Sache auch vollständig gleichgültig, da ein so starker einheitlicher Geist durch das ganze Werk geht, daß alles, was darin steht, tatsächlich zum Eigentum des Verfassers geworden ist, mag es stammen, woher es will. Uns genügt hier die Tatsache, daß Laotse ebensogut die Fortsetzung einer alten chinesischen Geistesrichtung bedeutet wie Kungtse. Ja es geht das sogar aus den Schriften der konfuzianischen Schule selbst hervor. Die Begriffe des Tao (Dao), von uns übersetzt mit »SINN«, und des Te (De), von uns übersetzt mit »LEBEN«, finden sich ebenfalls in den konfuzianischen Schriften in kardinaler Stellung. Sie erscheinen dort nur in andrer Beleuchtung, ja man ist vielfach in der Lage, eine direkte gegenseitige Kritik, die die beiden Richtungen aneinander üben, zu beobachten. So ist gleich der Anfang des Taoteking eine Kritik des einseitig historisch als »Weg der alten Könige« gefaßten Begriffs des Tao, wie er bei denen um Kungtse gang und gäbe war. Die Stelle in den Gesprächen des Kungtse, die sich mit der Auffassung des Te (De), wie sie Laotse vertritt, beschäftigt, wurde oben schon erwähnt. In andern Dingen wieder herrscht zwischen beiden Richtungen vollkommenes Einverständnis, so z. B. in der hohen Wertung des »Nichthandelns« als Regierungsprinzip. Ein unversöhnlicher Gegensatz besteht in der Wertung des Li (Moral, Anstandsregeln), das für Kungtse im Zentrum steht, während Laotse darin nur eine Entartungserscheinung sieht. Das hängt einerseits mit dem skeptischen Standpunkt, den Laotse der ganzen Kultur gegenüber einnimmt, zusammen. Andererseits scheint er gerade auch darin auf ältere Wertungen zurückzugehen als Kung, der sich in all diesen Stücken bewußt mit den Gründern der Dschou-Dynastie identifiziert. In dieser Hinsicht haben die späteren Taoisten ein richtiges Gefühl für den Tatbestand gehabt, wenn sie ihre

Heiligen zum großen Teil der Zeit vor der Dschou-Dynastie entnehmen (vgl. Fong Schen Yen Yi). Das alles gibt uns einen Fingerzeig dafür, daß Laotse mindestens ebenso mit dem chinesischen Altertum geistige Fühlung hat als Kungtse, der den überlieferten Stoff sehr stark nach seinen Anschauungen umredigiert zu haben scheint. Gerade daß in diesem redigierten Stoff, sowohl im »Buch der Urkunden« (Schu Ging) als besonders im »Buch der Wandlungen« (I Ging) noch so viel »Taoistisches« steht, ist der beste Beweis für unsere Auffassung.

Daß Laotse trotzdem sich in dem Strom des damaligen Lebens, da die Leute alle so stolz darauf waren, daß sie es so herrlich weit gebracht (vgl. Abschnitt 20), zeitweise vereinsamt fühlte, dieses Los teilte er mit andern selbständigen Denkern aus allen Zeiten, und es scheint ihm ja auch nicht besonders schwer gefallen zu sein, sich mit diesem Schicksal abzufinden.

Laotse hat nicht wie Kung eine Schule gegründet. Dazu hatte er weder Lust noch Bedürfnis. Denn ihm lag nicht daran, eine Lehre zu verbreiten. Er hat für sich einen Blick getan in die großen Weltzusammenhänge und hat, was er geschaut, mühsam in Worte gebracht, es gleichgesinnten Geistern der späteren Zeit überlassend, selbständig seinen Andeutungen nachzugehen und im

Weltzusammenhang selbst die Wahrheiten zu schauen, die er entdeckt. Das hat er auch erreicht. Es hat zu allen Zeiten einzelne Denker gegeben, die unter den vergänglichen Erscheinungen des menschlichen Lebens den Blick erhoben zu dem ewigen Sinn des Weltgeschehens, dessen Größe alles Denken übersteigt, und die darin Ruhe gefunden haben und Leichtigkeit, die es ihnen ermöglichte, den sogenannten Ernst des Lebens nicht mehr so gar ernst zu nehmen, weil ihm kein wesentlicher Wert an und für sich innewohnt. Aber auch sie bleiben Einzelne. Es liegt in der ganzen Art dieser Lebensdeutung, daß sie sich nicht in Massen pflegen läßt. Sie haben auch nicht alle die »reine Lehre«. Jeder einzelne von ihnen, von Liĕ Yü Kou (Lietse) und Dschuang Dschou (Tschuangtse) an, den schon erwähnten, über den »Epikuräer« Yang Dschu und den »Philanthropen« Mo Di (Motse), die beiden Sündenböcke des orthodox-konfuzianischen Mong Ko (Mencius), zu dem Soziologen Han Fe (Hanfetse), dem Zeitgenossen Tsin Schï Huang Dis, und dem »Romantiker auf dem Thron« von Huai Nan, Liu An (gewöhnlich Huainantse genannt), hat jeder seine eigene Art und macht daraus, was er eben kann.

Aber auch in späterer Zeit ist gar mancher, der als treuer Schüler Kungs im Lebenskampfe stand, durch die

Schläge des Lebens zur Selbstbesinnung gebracht worden und hat alle weltliche Pracht und Mühsal dahingegeben für einen stillen Winkel im Gebirg oder an der See und hat in den Zeilen des Taoteking eine Deutung gesucht für seine Erfahrungen. Ein Beispiel für unzählige andere mag genügen. In der Nähe von Tsingtau liegt ein Gebirge namens Lao Schan, das in der chinesischen Literatur weithin gerühmt wird als Insel der Seligen. Romantische Felsenklüfte umschließen verborgene Klöster, die aus ihrem Versteck von Bambushainen und inmitten einer teilweise fast subtropischen Flora den Blick aufs weite blaue Meer eröffnen. In dieser Bergeinsamkeit hat schon mancher hohe Beamte, der gescheitert ist im Getriebe der Parteien am Kaiserhof, seinen Frieden gefunden in Betrachtung einer reinen Natur und in der Beschäftigung mit den Sprüchen des Taoteking. Es ist eine Beschreibung der berühmten Stätten des Lao Schan vorhanden, nur abschriftlich verbreitet in jenen Klöstern, von der ich mir ein Exemplar verschaffte. Sie stammt aus den wilden Zeiten, als die zerfallende Ming-Dynastie von dem gegenwärtigen Herrscherhaus verdrängt wurde. Ein kaiserlicher Zensor hat die unfreiwillige Muße seines Alters dazu verwendet, diese Aufzeichnungen zu machen. Fast jede Zeile zeigt den Einfluß der Worte des

»Alten«. Gleich die Einleitung beginnt mit einer Ausführung, die seinen Geist verrät: »Wahren Wert erhält ein Wesen dadurch, daß es infolge seiner Berührung mit den Tiefen des Weltgrundes in eignem Licht zu leuchten vermag. Allein: große Kunst kennt keine Verzierung, großes LEBEN scheint nicht, ein großes Juwel hat rauhe Schale. Wie läßt sich das vereinigen? Eben durch die Erkenntnis, daß echtes Licht nicht erst der Anerkennung durch die Menschen bedarf, ja sich seines Glanzes fast schämt. Die Bedeutung der guten Gaben von Himmel und Erde beruht nicht darauf, daß sie für menschliche Zwecke brauchbar gemacht werden können. Ja man kann sagen, was nicht so viel innere Größe besitzt, daß von außen her gar nichts mehr hinzugefügt werden kann, das verdient überhaupt nicht groß genannt zu werden.« Aber die Wirkungen, die von Laotse ausgehen, beschränken sich nicht auf China. Der schon erwähnte Japaner sagt von sich: »Obwohl zweitausend Jahre später geboren, war ich doch mein ganzes Leben lang bemüht, in treuem Festhalten an den Lehren Kungtses an ihrer Verwirklichung mitzuarbeiten. Aber man mag auch von mir sagen, daß ich meine Kraft überschätzte. Nun bin ich nahe an siebzig, und schnell nahen sich meine Tage ihrem Ende. Mein Wille ist noch ungebrochen, aber meine körper-

lichen Kräfte werden mählich müde. Da sitze ich und sehe den Veränderungen aller Zustände zu, wie alles dem Niedergang entgegengeht. Und ob ein Berufener unter uns aufstünde, auch er könnte nicht mehr helfen. Das sind dieselben herbstlichen Zustände wie damals, als Lao Dan seine 5000 Zeichen niederschrieb. In dieser letzten Zeit ist weit besser als der ›SINN der alten Könige‹ das ›Nichthandeln‹ des ›Alten‹.«
In einem der genannten Klöster des Lao Schan, der »Höhle der weißen Wolke« (De Yün Dung), ist vor Jahren in spiritistischen Sitzungen vermittels der in China weitverbreiteten Methode der Psychographie ein zweibändiges Buch entstanden, in dem der Reihe nach die Heiligen und Weisen des chinesischen Altertums ihre Lehren aus dem Grabe verkündigen. Das Buch ist, wie alle derartigen Erzeugnisse zu sein pflegen. Es enthält manches Geheimnisvolle, manches Dunkle, manche Stelle von poetischem Reiz, aber nichts, das ihm irgendwie einen über das psychologische Interesse hinausgehenden Wert verleihen könnte. Die Worte, die jene verstorbenen Heroen aller Richtungen den Jüngern verkünden, sehen sich in ihren Grundgedanken fabelhaft ähnlich und stimmen alle überein mit den persönlichen Ansichten des Leiters der spiritistischen Sitzungen. Eine Stelle in dem Buch wirkt besonders be-

lustigend: Als nämlich Laotse seine Lehren verkündigt (in denen er sich im Verlauf der Jahrtausende, seit er den Taoteking geschrieben, ziemlich konsequent gleichgeblieben zu sein scheint), unterbricht er sich plötzlich und erklärt, er werde eben nach London (Lun) in England (Ying) berufen, wo man seiner bedürfe, er werde zu gelegener Zeit in seinem Unterricht fortfahren. Hat der alte Priester in seinem weltabgeschiedenen Bergkloster, das damals noch keines Europäers Fuß betreten hatte, wohl eine Ahnung davon gehabt, daß Laotse in Europa – Mode zu werden beginnt? Wie dem auch sei, jedenfalls ist es Tatsache, daß die Fäden, die von Laotse ausgehen, heutzutage sich auch in Europa immer mehr anzuknüpfen beginnen. Das schlagendste Beispiel dafür ist Leo Tolstoi, der in seiner Lehre vom »Nichts-Tun« eingestandenermaßen sich in Beziehung zu Laotse wußte, den er sehr hoch einschätzte. Aber auch die Schar der Übersetzungen des Taoteking, die gegenwärtig verbreitet werden, beweisen den Zug der Zeit zu dem verborgenen Alten.

Man wird im Bisherigen vermissen, daß von den Beziehungen Laotses zum Taoismus, den nächstliegenden, wie man denken sollte, nicht die Rede war. Das geschah mit Absicht; denn Laotse ist nicht der Begründer der heutigen taoistischen Religion. Der Umstand, daß er von den Vertretern dieser Religion als Gott verehrt wird, kann uns darin nicht irremachen. Es hat natürlich von alters her auch in China nicht an Leuten gefehlt, die ihre Ansichten in den Taoteking hineinzuerklären wußten, sei es, daß sie seine Lehren mit den konfuzianischen zu vereinigen suchten, sei es, daß sie die Pflege buddhistischer Kontemplation bei ihm fanden, sei es, daß sie ihn zu Hilfe nahmen bei Herstellung des Lebenselixiers oder des Steins der Weisen, der Blei in Gold verwandelt, sei es, daß er benützt wurde für militärische oder strafrechtliche Lehren, sei es, daß er verknüpft wurde mit dem animistischen Polytheismus oder mit gewissen vegetarischen und antialkoholischen Riten, oder daß man aus dem Taoteking Zaubersprüche zum Segnen und Fluchen zusammenstellte, ja bis in die Kreise der politischen Geheimsekten hinein, die mit ihrem Geisterzauber zu verschiedenen Zeiten den Umsturz des Bestehenden planten: überall mußte der alte Weise mit seinem Namen herhalten. Aber alle diese Richtungen sind, wie ein chinesischer Gelehrter sehr richtig bemerkt, nur Räuber an Laotse.

Die übliche Dreiteilung der chinesischen Religion in Konfuzianismus, Taoismus, Buddhismus ist anerkanntermaßen unzureichend und der Wirklichkeit nicht entsprechend. Will man ein Bild der wirklichen religiösen Zustände bekommen, so müßte man zunächst den Buddhismus, der in seiner wirklichen Gestalt sich in China fast gar nicht findet, ausschalten und mit dem Islam und dem Christentum zu den fremden Religionen stellen, wenn er auch immerhin diejenige unter den fremden Religionen ist, die am meisten Einfluß auf das chinesische religiöse Leben ausgeübt hat. Der Konfuzianismus ist ebenfalls keine Religion, sondern eine Staatslehre, die die vorhandenen religiösen Elemente mit verwandt hat als Baumaterial für sein Gesellschaftssystem, ohne jedoch im übrigen sie zu verarbeiten. Nur sichtend war seine Tätigkeit. Daß der Taoismus Laotses vollends keine kirchenbildende Kraft besitzt, dürfte nach dem Bisherigen selbstverständlich sein. Das, was man heutzutage Taoismus zu nennen gewohnt ist, geht in Wirklichkeit auf ganz andere Quellen zurück als den Taoteking des Laotse. Es ist nichts weiter als die in ein gewisses System gebrachte und mit indischen Lehren verwobene animistische Volksreligion des alten China. Es ist höchst wahrscheinlich und geht auch aus manchen Stellen der Gespräche des Kung hervor, daß diese animistische Volksreligion, die überdies wohl ursprünglich lokal verschieden war und erst infolge der politischen Vereinigung der betreffenden Volksstämme mit der Zeit sich zu einem Konglomerat zusammenballte, lange vor Laotse und Kungtse schon bestanden hatte. Sie hat sich in den Tiefen des Volkes auch forterhalten bis auf den heutigen Tag. Dieser Animismus ist ein Gebilde, wie es sich allenthalben auf der Welt in den Tiefen findet, in unserem christlichen Europa ebenso wie im Griechentum oder in Israel. Der Unterschied ist nur der, daß im Judentum und Christentum dieser populäre Animismus als Aberglaube gebrandmarkt ist, während er z.B. in China ein verhältnismäßig unangetastetes Dasein führt, als etwas, das zur Bändigung der großen Masse gerade gut genug ist, während der Gebildete sich das Vorrecht vorbehält, es damit so zu halten, wie es ihm entsprechend der erreichten Bildungshöhe – oder seiner augenblicklichen Stimmung – gut dünkt. Dieser »Taoismus« ist daher auch nichts, das mit dem Konfuzianismus als solchem irgendwie in Konflikt treten müßte. Wo solche Konflikte hervortraten, waren immer Momente politischer Art das Ausschlaggebende. Wollte man nach Heroen dieser Art des Taoismus, dessen Hauptstärke im Geisterbannen und in allerlei Zauberkünsten besteht, suchen, so müßte man einen We Be Yang aus der Zeit der Han-Dynastie, der das Lebenselixier »erfunden« hat, oder einen Dschang Dao Ling (geb. 34 n. Chr.) und Kou Kiën Dschï (423 n. Chr.) nennen, durch die die Würde des taoistischen Papsttums unter dem Titel Tien Schï (Himmelslehrer) aufkam, das noch heute in der Familie Dschang ähnlich wie das Dalailamatum durch Metempsychose sich forterbt. Mit Laotse hat das alles nichts zu tun, wie ihn denn auch ein gütiges Geschick davor bewahrt hat, Taoistenpapst zu werden.

Der Inhalt des Taoteking

Die ganze Metaphysik des Taoteking ist aufgebaut auf einer grundlegenden Intuition, die der streng begrifflichen Fixierung unzugänglich ist, und die Laotse, um einen Namen zu haben, »notdürftig« mit dem Worte TAO (sprich: Dao) bezeichnet (vgl. No. 25). In Beziehung auf die richtige Übersetzung dieses Wortes herrschte von Anfang an viele Meinungsverschiedenheit. »Gott«, »Weg«, »Vernunft«, »Wort«, » λόγος « sind nur ein paar der vorgeschlagenen Übersetzungen, während ein Teil der Übersetzer einfach das »Tao« unübertragen in die europäischen Sprachen herübernimmt. Im Grunde genommen kommt auf den Ausdruck wenig an, da er ja auch für Laotse selbst nur sozusagen ein algebraisches Zeichen für etwas Unaussprechliches ist. Es sind im wesentlichen ästhetische Gründe, die es wünschenswert erscheinen lassen, in einer deutschen Übersetzung ein deutsches Wort zu haben. Es wurde von uns durchgängig das Wort SINN gewählt. Dies geschah im Anschluß an die Stelle im Faust I, wo Faust vom Osterspaziergang zurückkehrt, sich an die Übersetzung des Neuen Testaments macht und die Anfangsworte des Johannesevangeliums u. a. mit: »Im Anfang war der Sinn« wiederzugeben versucht. Es scheint das die Übersetzung zu sein, die dem chinesischen »Dao« in seinen verschiedenen Bedeutungen am meisten gerecht wird. Das chinesische Wort geht von der Bedeutung »Weg« aus, von da aus erweitert sich die Bedeutung zu »Richtung«, »Zustand«, dann »Vernunft«, »Wahrheit«.

Verbal gebraucht heißt das Wort »reden«, »sagen«, in übertragener Bedeutung »leiten«. (Von der Nebenbedeutung »Umkreis«, »Bezirk« können wir hier absehen). Das deutsche Wort »Sinn« hat ebenfalls die ursprüngliche Bedeutung »Weg«, »Richtung«, ferner 1. »das auf etwas gerichtete Innere eines Menschen«, 2. »das Innere des Menschen als Sitz des Bewußtseins, der Wahrnehmung, des Denkens, Überlegens«; vgl. »der innere Sinn«, 3. »leibliches Empfindungsleben«, vorzugsweise im Plural gebraucht, 4. »Meinung, Vorstellung,

Bedeutung von Worten, Bildern, Handlungen« (vgl. M. Heyne, Deutsches Wörterbuch, Leipzig 1906).
Von all diesen Bedeutungen fällt nur die unter 3. verzeichnete als unbrauchbar weg, so daß die Übereinstimmung der Bedeutungen eine sehr weitgehende ist. Um übrigens den algebraischen Charakter des Wortes deutlich zu machen, ist es von uns durchgängig mit großen Buchstaben geschrieben worden.
Um hier gleich die Übersetzung des andern immer wiederkehrenden Wortes TE (sprich: De) zu rechtfertigen, so sei bemerkt, daß die chinesische Definition desselben lautet: »Was die Wesen erhalten, um zu entstehen, heißt De«. Wir haben das Wort daher (in Anlehnung zugleich an Joh. 1, 4: »In ihm war das Leben, und das Leben war das Licht der Menschen«) mit LEBEN übersetzt. Möglich wäre aber auch die Übersetzung mit »Natur«, »Wesen«, »Geist«, »Kraft«, Übersetzungen, die in den Gesprächen des Kungtse häufig verwandt wurden, aber hier wegen ihrer Kollision mit andern vorkommenden Ausdrücken vermieden sind. Die gewöhnliche Wiedergabe mit »Tugend«, die für einige spätere Moralabhandlungen geeignet ist, paßt bei Laotse noch weniger als bei Kungfutse.
Gehen wir nach diesen Bemerkungen über die beiden grundlegenden Ausdrücke des Werks dazu über, den

Standpunkt aufzusuchen, von dem aus Laotse seine Metaphysik aufbaut, so werden wir gleich vom ersten Ausgangspunkt an einen wesentlichen Unterschied von der antiken griechischen Philosophie zu konstatieren haben. Der Blick der alten griechischen Philosophen ist nach außen gerichtet, wo sie nach einem Prinzip für die Welterklärung suchen. Es ist in dieser Hinsicht nicht zufällig, daß ihre Werke zum großen Teil den Titel περὶ φύσεως tragen. Indem ein derartiges einseitiges Prinzip bis in seine letzten Konsequenzen verarbeitet wurde, zeigte sich stets an einem gewissen Punkt seine Grenze. Auf diesem Gebiet macht es keinen wesentlichen Unterschied, ob man das Wasser, das Feuer, die Atome, das Sein oder den Geiststoff als Grundprinzip annimmt: immer ist es eine einzelne Seite der Gesamterfahrung, die in ihrer Anwendung notwendige Grenzen hat. Das ist dann auch der Grund, warum die einzelnen philosophischen Systeme sich in der kosmologischen Periode der griechischen Philosophie fortwährend abwechseln: es fehlt ihnen allen die zentrale Begründung. Darum zeigt sich die Hauptschwäche aller dieser Systeme beim Übergang auf das psychologische Gebiet. Über eine materialistische Psychologie kann ein System, dessen Grundprinzip kosmologisch ist, niemals hinauskommen. Der Umschlag ging bei den

Griechen bekanntlich durch die subjektivistisch-skeptische Periode der Sophisten hindurch, und erst einer dritten Periode war es vorbehalten, unter Verwendung des gesamten wiederholt verarbeiteten Materials die großen Systeme eines Demokrit, Plato und besonders Aristoteles zu schaffen, die nach den verschiedenen Richtungen hin eine einheitliche Zusammenfassung des Denkens in die Wege leiteten.
Das chinesische Denken ging wesentlich andere Bahnen. Weder Kungfutse noch Laotse hat das anthropologische Gebiet verlassen. Dies klar zu sehen ist besonders gegenüber den Lehren des Laotse von grundlegender Wichtigkeit; denn, daß Kungfutse durchweg sozialethisch orientiert ist, dürfte wohl auf keinen Widerspruch stoßen. Dagegen hat es den Anschein, als ob der SINN, den Laotse verkündigt, etwas rein Kosmologisches wäre. Aber das ist nur Schein. Wiederholt gibt Laotse den Ausgangspunkt an, von dem aus er zu seinen Erkenntnissen oder, besser gesagt, Anschauungen kommt: Abschn. 21 u. 54. Das eine Mal ist vom SINN die Rede, das andere Mal vom LEBEN. Beide Mal steht zum Schluß die ausdrückliche Frage: Woher weiß ich, daß das so ist (sc. was im Vorhergehenden behauptet wurde vom SINN bzw. LEBEN)? Darauf folgt die zunächst seltsam anmutende Antwort: »Eben

durch ihn«, »eben auf diese Weise«. Die betonte Stellung, in der diese Worte stehen, zwingt, ihnen eine Bedeutung zu geben, die über die Behauptung einer bloßen Tautologie hinausgeht. Der Zusammenhang ergibt, daß der Erkenntnisgrund beide Male ein allgemeines Prinzip ist, das aber in dem reflektierenden Individuum selbst auch vorhanden ist. Eben durch dieses Teilhaben des Individuums an dem allgemeinen Wahrheitsprinzip ist den Erkenntnissen die Evidenz, diese Wurzel aller Sicherheit, gewährleistet. Ins Praktische übertragen ist dieser Satz dreimal erwähnt: der Berufene tut das Ferne ab und ergreift das Nahe (Abschnitt 12, 38, 72). Jedes aus der äußeren Erfahrung genommene Prinzip wird mit der Zeit widerlegt werden und veralten, weil mit dem Fortschritt des Menschen auch die Welterkenntnis sich ändert (und die erkannte Welt ist ja im Grunde die einzige vorhandene »Welt«). Was dagegen aus dem zentralen Erleben heraus erkannt ist (aus dem inneren Licht, wie es die Mystiker ausdrücken), das bleibt unwiderleglich. falls es anders rein und richtig geschaut war. So kann auch der bitterste Gegner des Laotse, der Kulturprophet Han Yü, ihm keinen andern Vorwurf machen als den, daß er in einem Brunnen sitze und die Welt nicht sehe, aber den Ausschnitt, den er sieht, kann ihm kein Mensch widerlegen. Denn, wohlgemerkt, es ist nicht das psychologisch bedingte, zufällige Einzel-Ich, das für Laotse in Betracht kommt. Dieses Einzel-Ich ist nur der Sitz der Täuschung und Gefahr. Vielmehr handelt es sich für ihn um das »reine« Ich, das dem Menschen als solchem eigen ist. Um vom empirischen Ich aus zu diesem Oberindividuellen zu gelangen, ist natürlich eine weitgehende Abstraktion von allem Zufälligen, Einzelnen nötig. Darum erscheint dieses Eindringen in das Oberindividuelle als Abnahme, während der Betrieb der Forschung mit seiner Anhäufung von Einzelkenntnissen als Zunahme erscheint (Abschn. 48). Was vor allem wichtig ist, ist, daß das Herz leer werde; erst dann kann es die großen Wahrheiten erfassen. Wenn Laotse immer wieder das leere Herz – sowohl auf dem Gebiet der Erkenntnis als auch auf praktischem Gebiet – als den Idealzustand preist, so darf man, um zum richtigen Verständnis zu gelangen, nicht vergessen, daß »Herz« im Chinesischen etwas ganz anderes bedeutet als im europäischen, christlich beeinflußten Gedankenkreis. Während im europäischen Mut bzw. Gemüt im Vordergrund stehen und die Klangfarbe beeinflussen, ist das chinesische »Herz« zunächst einer der fünf Sinne, und zwar steht es an Stelle des Sinnenkomplexes, der die unmittelbarste Berührung mit der Außenwelt vermittelt und den wir bei populären Aufzählungen als »Gefühl« zu bezeichnen pflegen. Dementsprechend ist das Herz auch der Sitz der Begierde nach Äußerem. Für Laotse ist die ganze Verstrickung mit der empirischen Außenwelt durch die Sinne und Begierden etwas Gefährliches, das auch die wahre Erkenntnis hindert, da es nur falschen Schein gibt (vgl. Abschn. 12). Darum ist das Mittel, um einzudringen in die Wahrheit, daß man die »Pforten« zuschließt, durch die jene verwirrenden Eindrücke in unser Inneres kommen (52, 56). Es ist ohne weiteres klar, daß auf diese Weise alles positive Wissen in den Hintergrund tritt. Ja, alles »Wissen« und »Erkennen« wird von Laotse als unzureichend direkt verurteilt (Abschn. 19, 20). Man sollte denken, daß es so notwendig zu einer abstrakten Weltverneinung kommen müsse. Das ist aber keineswegs die Meinung. Vielmehr liegt dem allem die Anschauung zugrunde, daß, wo der Schein aufhört, das verborgene wahre Sein, das ewig ist und über den flüchtigen Wechsel des Sinnestrugs erhaben, sich um so klarer und reiner abzeichnen kann. Was Laotse erstrebt, ist darum kein »Erkennen«, sondern »Schauen«, innere »Erleuchtung«. Daß dieses Schauen mit asketischen Visionen nichts zu tun hat, daß Laotse vielmehr die Sorge für den »Leib« und die »Knochen«, d.h. die Körperlichkeit in ihrem notwendigen Bestand, durchaus billigt, geht aus einer ganzen Anzahl von Stellen hervor (vgl. 12, 3). Diese innere Erleuchtung führt ganz von selber zur Einfalt (vgl. 28), die im Kind, das noch nicht umhergetrieben ist von dem Wirrsal der Begierden, ihr schönstes Gleichnis hat. Das menschliche Wesen bildet so eine zusammenhängende, in sich zurückkehrende Einheit, deren Betätigungen sich spontan vollziehen und innerhalb derer jede Äußerung nach der Einen Seite sofort ihre Ergänzung findet durch ihr Gegenteil, das mit ihr gesetzt ist, so notwendig, wie im Meer jede Welle von einem Wellental begleitet ist. Diese Harmonie des Ausgleichs wird auch durch Geburt und Tod nicht beeinflußt; sie bringt ewiges Leben, das über den Tod hinausreicht.

An diesem Punkt führt die Verfolgung der Erkenntnisfrage des Laotse ganz unmerklich hinüber zu einem metaphysischen Prinzip: TE (De), dem LEBEN; denn das LEBEN ist nach Laotse eben nichts anderes als dieses spontan sich betätigende, mit dem Weltgrund letzten Endes identische Menschenwesen. Sehr wichtig dabei ist die Spontaneität der Betätigung; diese Spontaneität ist das Geheimnis des LEBENS höchster Art (vgl. 38). Vom individuellen Standpunkt aus betrachtet, erscheint allerdings gerade diese Spontaneität als etwas Negatives. Das Individuum hält sich zurück. Es lebt nicht selber, sondern es läßt sich leben, es wird gelebt (50). Daher die Betonung des Nicht-Handelns. Dieses Nicht-Handeln ist keine Untätigkeit, sondern nur absolute Empfänglichkeit für das, was sich von jenem metaphysischen Grunde aus im Individuum auswirkt. Das ist auch der Sinn der verschiedenen Stellen, wo das LEBEN als etwas Weibliches, rein Empfangendes bezeichnet wird. Gut ist dieses LEBEN insofern, als es in jedem Augenblick und in jeder Lage das entsprechende Verhalten zeigt (8). Seine Macht beruht eben darauf, daß es in jedem Verhältnis die notwendige Ergänzung bietet. Zu den Guten ist es gut, zu den Nichtguten ist es auch gut; denn es gibt jedem, was ihm fehlt zu seiner Ergänzung. Diese Ergänzung ist etwas, das ohne allen Streit sich darbieten läßt, sie ist sozusagen die Erfüllung eines leeren Platzes. Aber eben dadurch, daß diese Ergänzung gewährt wird, ist derjenige, von dem sie ausgeht, ganz von selbst der Überlegene. Indem so das Gute für Laotse ein Wechselbegriff ist, der sich nicht ein für allemal fixieren läßt, sondern jedem einzelnen Fall angepaßt werden muß, fällt alles einseitig Ponierte notwendig unter das Urteil der Minderwertigkeit. Auch die höchste Tugend, die sich selbst behaupten, selbst durchsetzen will, ist etwas

Minderwertiges, weil sie immer nur die Eine Seite in dem jeweilig notwendigen Paar der Gegensätze repräsentiert. Wenn alle auf der Welt das Gute als gut erkennen, so ist damit schon das Nichtgute gesetzt. Darum ist das LEBEN, das sich durch äußere Vorkehrungen als etwas Positives durchsetzen will, minderwertiges LEBEN, selbst wenn es sich als Menschenliebe, Gerechtigkeit, Sittenregel äußert (38). In allen Fällen ruft eben die Position notwendig die Negation hervor. Wer sich mit der Einen Seite eines solchen Gegensatzpaares identifiziert, hat damit, vom höchsten Standpunkt aus angesehen, unrecht. Wir haben hier eine Anschauung über das Leben, wie sie z.B. der ganzen Tragik zugrunde liegt und besonders von Hebbel auf den Begriff gebracht worden ist. Jede Überschreitung des Individuums ruft von seiten des dadurch gestörten Weltzusammenhangs eine ausgleichende Reaktion hervor.

Der Mensch nun, der dieses LEBEN in sich verkörpert, der Idealmensch sozusagen, wird im Taoteking durchweg als Scheng Jen bezeichnet. Wir haben den Ausdruck mit »der Berufene« übersetzt. Sonst findet sich auch wohl die Übersetzung »der Heilige«. Gemeint ist jedenfalls der Einzelmensch, der unter Hintanstellung seiner zufälligen Neigungen und Wünsche vollkommen jenem Prinzip des LEBENS entspricht. Er lebt nicht sich selber und sucht nichts für sich selber, sondern läßt das LEBEN in sich zur Auswirkung kommen. In dieser Stellung ist er aber sozusagen eine kosmische Potenz. Das ist nur konsequent; denn es wird niemals gelingen, den Menschen aus der Welt auszuschalten, da er stets ein notwendiger Faktor des Komplexes, den wir als Welt bezeichnen, bleiben wird. Darüber kommen auch die modernsten Weltanschauungen nicht hinaus. Nach der philosophischen Arbeit Kants ist in diesem Stück ein ernstlicher Zweifel auch gar nicht mehr möglich. Der »Berufene« ist nun aber nicht in irgendeiner historischen Persönlichkeit verwirklicht, er ist eine überzeitliche Idee, an der jeder nach Maßgabe seiner inneren Übereinstimmung Anteil haben kann, in mancher Hinsicht dem jüdischen Messiasgedanken vergleichbar. In diesem Zusammenhang gewinnt vielleicht auch die dunkle Stelle Abschnitt 4 einiges Licht: »Ich weiß nicht, wes Sohn er ist, er scheint auch noch den göttlichen Herrschern voranzugehen.«

Verfolgen wir diese Spontaneität noch eine Stufe weiter zurück über das Menschliche hinaus, so kommen wir zum SINN (Dao). Wie das LEBEN im Menschen ist, so ist der SINN in der Welt schlechthin als Spontaneität. Er ist verschieden von allen Dingen, entzieht sich jeder sinnlichen Wahrnehmung: insofern fällt er auch nicht in den Bereich des Daseins. Laotse schreibt ihm wiederholt das »Nicht-Sein«, die »Leere« zu. Um diese Ausdrücke nicht falsch zu deuten, ist es notwendig, daß man beachtet, daß im Chinesischen das Negative eine andere Rolle spielt als im europäischen Gedankenleben. Sein und Nicht-Sein sind konträre, nicht kontradiktorische Gegensätze für den Chinesen. Sie verhalten sich gewissermaßen wie positive und negative Vorzeichen in der Mathematik. Insofern ist auch das »Nicht-Sein« kein rein privater Ausdruck; oft könnte man es am besten mit »Für-sich-sein« übersetzen im Gegensatz zum »Dasein«. Interessant sind in dieser Hinsicht einige sprachpsychologische Beobachtungen, die sich noch an der modernen chinesischen Umgangssprache machen lassen. Doppelte Negation mit dem Wert einer starken Position ist zwar auch in Europa zulässig, aber das natürliche Sprachgefühl widerstrebt doch im allgemeinen einer derartigen Ausdrucksweise, während sie im Chinesischen ganz geläufig ist. Wo wir sagen: »Er wird sicher kommen«, sagt der Chinese unbedenklich: »Er kann nicht nicht kommen«. »Allgegenwart« drückt er aus: »Kein Ort, wo er nicht ist«. Die vollkommene Gleichwertigkeit von Position und Negation kommt vielleicht am schlagendsten zum Ausdruck bei der Antwort auf negative Fragen. Auf die Frage: »Kommt er nicht?« antwortet der Chinese »Ja«, wenn er nicht kommt, weil das »nicht« der Frage für ihn keine private Bedeutung hat, sondern mit dem »Kommen« zu einem Begriff, dem Begriff des »Nicht-Kommens« sich zusammenschließt, der ohne die Befürchtung eines Mißverständnisses ebenso bejaht werden kann wie irgendein positiver Begriff.

In diesem Zusammenhang muß auch das »Nicht-Sein« bei Laotse verstanden werden; es ist nicht das einfa che Nichts, sondern nur etwas vom Dasein qualitativ Verschiedenes. Der SINN ist in allen Dingen, aber er ist nicht selbst ein Ding. Seine Wirksamkeit ist daher auch eine wesentlich qualitative. Eine Analogie haben wir dazu in dem geläufigen Begriff des Naturgesetzes. Das Naturgesetz kommt in allen Erscheinungen zum Ausdruck, ohne daß es etwas wäre, das in den Ablauf des Geschehens irgendwie von außen her eingreifen würde. Ebenso ist der SINN des Laotse in allem Geschehen allgegenwärtig, er kann zur Rechten sein und zur Linken (34), aber er erschöpft sich nicht in irgendeinem Geschehen. Dieses sich Nicht-Erschöpfen oder, wie Laotse es ausdrückt »Nicht-Voll-Werden«, ist die

Qualität, die ihn allen Dingen gegenüber unendlich überlegen macht, ohne daß sich diese Überlegenheit irgendwie einmal äußern würde. Dieses Nichtäußern der Überlegenheit, seine »Schwachheit«, ist es, was man als »klein« bezeichnen kann, während seine durchgehende Wirksamkeit in allen Dingen seine »Größe« ausmacht. Es bleibt noch zu erwähnen, daß die Ewigkeit des SINNS darauf beruht, daß seine Bewegungen alle in sich zurückkehrend sind. Alle Gegensätze werden durch ihn aufgehoben dadurch, daß sie sich gegenseitig ausgleichen, ja, daß jede Bewegung notwendig in ihr Gegenteil umschlägt. Sind die Dinge stark geworden, so sterben sie; es ist ebendie Stärke und die damit verbundene Starrheit, die ihren Tod herbeiführt. In der modernen Entwicklungsgeschichte könnte man Belege zu dieser Wahrheit finden in den einseitig überentwickelten und verfestigten Lebenstypen, die an dieser Entwicklung zugrunde gehen (vgl. die Saurier u. a.). Das Leben ist immer nur im Ganzen, niemals in einer Vereinzelung, darum kennt auch die Natur nicht Liebe nach Menschenart, sondern alle Wesen haben an ihrem Überfluß Anteil; wollten sie aber von diesem Überflusse für sich selbst etwas festhalten, so wären sie eben dadurch dem Tod verfallen.

Dieser SINN ist daher, ontologisch betrachtet, die Wurzel alles Seins, aber da das Sein vom Nicht-Sein nur dem Namen nach, nicht wesentlich verschieden ist, so zeigt sich der SINN auch wirksam innerhalb des Seins in Gestalt des Mütterlichen, Gebärenden, das die Einzelwesen hervorbringt zum Leben und wieder in sich zurücknimmt im Sterben.

Nachdem wir sozusagen induktiv zu dem Welterklärungsprinzip Laotses aufgestiegen sind, bleibt uns nun noch der umgekehrte Weg zu verfolgen übrig: der Weg, auf dem Laotse von seinem obersten Prinzip aus deduktiv zur Wirklichkeit herabsteigt. Wie sich nicht anders vermuten läßt, liegen gerade hier seine größten Schwierigkeiten.

»Der Gott, der mir im Busen wohnt,
Kann tief mein Innerstes erregen;
Der über allen meinen Kräften thront,
Er kann nach außen nichts bewegen.«

Etwas von der Not, die in diesen Versen ausgesprochen ist, hat auch Laotse zu erfahren gehabt. Nicht nur persönlich, in seinem Verhältnis zur Außenwelt, wie er es in tragischem Ausbruch, Abschnitt 20, klagt, sondern auch prinzipiell, bei der Ableitung der Außenwelt aus dem SINN. Man kann ihm daraus im Grunde keinen Vorwurf machen; denn dem Wirklichen wohnt eben tatsächlich ein irrationaler Rest inne, der sich denkend nicht erfassen läßt. Vielleicht ist eben dieser irrationale

Rest der Daseinsgrund alles Individuellen. An ihm hat sich seit Urzeiten die Menschheit wund gerieben, ohne eine Antwort auf ihre Fragen zu finden – die vielleicht überhaupt nicht anders als durch den Willen jedes Einzelnen für ihn zu lösen sind. Wir dürfen von Laotse nicht erwarten, daß ihm gelingt, was keinem Philosophen vor ihm oder nach ihm gelungen ist: daß er mit dem Denken bis in die Wirklichkeit hineinreicht. Immerhin sind die Hilfslinien interessant, die er zieht; um die Richtung anzudeuten, in der der SINN sich auf das Wirkliche zubewegt.

Man wird zweierlei unterscheiden müssen: einmal die Bewegung, die vom SINN als der letzten Einheit zu der Entstehung der Mannigfaltigkeiten führt, und dann die Linien, die vom Gedanken zur Wirklichkeit weisen.

Die Einheit ist es, von der Laotse ausgeht; insofern ist er entschiedener Monist (wie übrigens das ganze chinesische Denken letzten Grundes monistisch ist, trotz der so sehr hervortretenden Lehre von den Dualkräften, die aber nur innerweltlich wirksam sind). Diese Einheit ist das letzte, zu dem der Gedanke aufsteigt, das Geheimnis des Geheimnisses, die Pforte der Offenbarwerdung aller Kräfte (1). In dieser Einheit sind alle Gegensätze noch ungetrennt durcheinander. Sie ist dasselbe, was als vor dem »Uranfang« liegender »Nichtanfang« bezeichnet zu werden pflegt (vgl. Erklärung zu Abschn. 1). Diese Eins als These erzeugt die Zwei als Antithese (die Gegensätze von Licht und Finsternis, von Männlichem und Weiblichem, von Positivem und Negativem usw.). Die Zwei erzeugt die Drei, d.h., die Antithese wird aufgehoben in der Synthese (vgl. Abschn. 42). Es verdient bemerkt zu werden, wie die rationale Philosophie bei Laotse genau dieselben Bahnen wandelt, wie zweieinhalb Jahrtausende später bei Hegel.

Daß übrigens die Einheit zur Mannigfaltigkeit fortschreiten kann, ohne daß etwas ganz anderes entsteht, wird dadurch ermöglicht, daß in der Einheit selbst schon eine Mannigfaltigkeit angelegt ist, ohne daß sie jedoch in ihrem Keimzustand in die Erscheinung zu treten fähig wäre. Das ist wohl der Sinn von Abschnitt 14, wo davon die Rede ist, daß eine unsichtbare Sichtbarkeit, eine unhörbare Hörbarkeit, eine ungreifbare Greifbarkeit in dem SINN angelegt und daß diese Drei untrennbar durcheinander seien und Eins bilden. Diese Mannigfaltigkeit in der Einheit macht dann die weiteren Entfaltungen möglich. Daß es sich für Laotse nicht um eine historisch einmal eingetretene Weltschöpfung handeln kann, durch die diese Entfaltung sich vollzieht, ist ohne weiteres klar. Diese Entfaltung ist vielmehr wesentlich ein logischer Vorgang, der allerdings zeitlich zurückprojiziert werden kann und dann als Anfang von Himmel und Erde bezeichnet wird, aber ebenso zeigt sie sich innerhalb der räumlichen Welt in der fortdauernden Regeneration des Lebens (Abschn. 1). Die zur Mannigfaltigkeit ausgebreitete Einheit ist auch erwähnt in Abschnitt 25, wo diese Entfaltung in Form einer Kreisbewegung dargestellt ist. Der SINN zeigt sich im Fluß befindlich und so im Himmel, d.h. der Gesamtheit der unsichtbar wirkenden, immateriellen Kräfte, sich auswirkend, von da aus übergehend zur äußersten Entfernung von sich selbst und so die Erde, d.h. die Gesamtheit der materiellen Körperlichkeit, befruchtend, endlich zurückkehrend zu sich selbst im Menschen. Mensch, Erde, Himmel haben demnach ihr Vorbild immer in der nächstvorangehenden Seinsstufe, und ihre Wirkungsweise ist damit abgeleitet vom SINN, der die einzige unmittelbare Wirkung hat. Ganz ähnlich ist diese Einheit als Wurzel der Bestimmungsgemäßheit von Himmel, Erde und Mensch (Herrscher) bezeichnet in Abschnitt 39. Dort treten aber noch zwei Vorstellungskomplexe auf (Geister und Tiefe), die sofort in anderem Zusammenhang noch näher zu beleuchten sind.

Von diesem Verhältnis zwischen Einheit und Mannigfaltigkeit zu unterscheiden ist der Übergang vom SINN zur Wirklichkeit. Besonders charakteristisch in dieser Richtung sind Abschnitt 14 und 21, zu denen noch der Anfang von Abschnitt 51 heranzuziehen ist. Hier finden wir Andeutungen darüber, wie im SINN die Wirklichkeit sozusagen potentiell angelegt ist. Es dürfte ein vergeblicher Versuch sein, in diese vereinzelten Intuitionen, die sich dem begrifflichen Ausdruck entziehen, irgendein festes System bringen zu wollen. Man merkt es den Stellen an, daß sie stammelnd reden von Erlebnissen, die das menschliche Denken übersteigen. Im allgemeinen läßt sich ja wohl sagen, daß eine gewisse Verwandtschaft mit der Platonischen Ideenlehre vorhanden ist. Wiederholt ist davon die Rede, daß das Sich-Auswirken des SINNS in den Geschöpfen, d.h. den Einzelwesen der Wirklichkeit, dadurch ermöglicht werde, daß im SINNE selbst in unfaßbarer Weise gestaltlose und unkörperliche Ideen (Bilder) enthalten seien. Zur Vermittlung des Heraustretens dieser Ideen bedient sich Laotse einerseits des Begriffs des LEBENS (Des großen LEBENS Form folgt ganz dem SINN, d.h. gestaltet sich nach ihm; Abschn. 21), andererseits des Begriffs des Samens. Von dem LEBEN und seinem Verhältnis zum SINN war oben schon die Rede. Was die Vorstellung des Samens anlangt, so nimmt sie eine Zwischenstellung ein zwischen der Welt der Ideen und der körperlich materiellen Welt. Dem Samen kommt nach Abschnitt 21 Realität zu, und damit ist die Verbindung mit der Außenwelt hergestellt.

Neben dieser Ableitung findet sich die sonst übliche Dualität von Himmel und Erde verwendet. Der Himmel repräsentiert in diesem Zusammenhang die geistigen Kräfte, während die Erde dem Materiellen – als der größten Selbstentäußerung des SINNS – nähersteht. Ein anderes Begriffspaar ist zu erwähnen, das in Abschnitt 6 und 39 vorkommt: die Tiefe oder Leere (wörtlich: das Tal) und der Geist bzw. die Geister (Schen). Die Tiefe oder Leere ist ursprünglich der unerfüllte Raum zwischen zwei Berghängen. Im Anschluß wohl an ältere mythische Vorstellungen knüpft sich daran die Auffassung von der Entstehung des Lebens durch die Einwirkung des Geistes. Die Tiefe gewinnt dann beinahe die Bedeutung dessen, was wir Materie nennen, das an sich noch Unbestimmte, Unaktive, die bloße Möglichkeit zum Sein, während der Geist dann das entsprechende aktive Prinzip hinzubringt. Es würde zu weit führen, den hier angedeuteten Spuren zu Ende folgen zu wollen. Es würde sich zeigen, daß wir hier in eine Vorstellungsreihe hinein

kämen, die von den übrigen im Taoteking durchgeführten einigermaßen abweicht. Aber sie mag wenigstens erwähnt werden, um die Aufmerksamkeit darauf zu lenken.
In diesen Gedankenreihen hat der spätere Taoismus sehr weitgehende Spekulationen gepflegt, die zum Teil ins Phantastisch-Uferlose gehen und eng verbunden sind mit den alchimistischen Versuchen, ein Lebenselixier zu finden, oder mit dem asketischen Streben, durch allerhand leibliche Übungen die Lebenskräfte so in sich zu konzentrieren, daß auch der Körper der Sterblichkeit entnommen bleibe. Es ist ein Zeichen für die Höhe des Standpunkts von Laotse, daß derartige Dinge ihm fremd sind und er sich auf Andeutungen des Unaussprechlichen beschränkt, deren Verfolg jedem einzelnen überlassen bleiben mag.

Der Text

Erster Teil

DER SINN

1.
VERKÖRPERUNG DES SINNS

Der SINN, den man ersinnen kann,
ist nicht der ewige SINN.
Der Name, den man nennen kann,
ist nicht der ewige Name.
Jenseits des Nennbaren liegt der Anfang der Welt.
Diesseits des Nennbaren liegt die Geburt der Geschöpfe.
Darum führt das Streben nach dem Ewig-Jenseitigen
zum Schauen der Kräfte,
das Streben nach dem Ewig-Diesseitigen
zum Schauen der Räumlichkeit.
Beides hat Einen Ursprung und nur verschiedenen Namen.
Diese Einheit ist das Große Geheimnis.
Und des Geheimnisses noch tieferes Geheimnis:
Das ist die Pforte der Offenbarwerdung aller Kräfte.

2.

PFLEGE DER PERSÖNLICHKEIT

Wenn auf Erden alle das Schöne als schön erkennen,
so ist dadurch schon das Häßliche gesetzt.
Wenn auf Erden alle das Gute als gut erkennen,
so ist dadurch schon das Nichtgute gesetzt.
Denn Sein und Nichtsein erzeugen einander.
Schwer und Leicht vollenden einander.
Lang und Kurz gestalten einander.
Hoch und Tief verkehren einander.
Stimme und Ton sich vermählen einander.
Vorher und Nachher folgen einander.
Also auch der Berufene:
Er verweilt im Wirken ohne Handeln.
Er übt Belehrung ohne Reden.
Alle Wesen treten hervor,
und er verweigert sich ihnen nicht.
Er erzeugt und besitzt nicht.
Er wirkt und behält nicht.
Ist das Werk vollbracht,
so verharrt er nicht dabei.
Und eben weil er nicht verharrt,
bleibt er nicht verlassen.

3.

FRIEDE AUF ERDEN

Die Bedeutenden nicht bevorzugen:
so verhütet man, daß die Leute streiten.
Schwer zu erlangende Güter nicht wert halten:
so verhütet man, daß die Leute zu Dieben werden.
Auf nichts Begehrenswertes sehen:
so verhütet man, daß das Herz sich verwirrt.
Also auch ist das die Ordnung des Berufenen:
Er macht ihr Herz leer und ihren Leib tüchtig.
Er macht ihr Begehren schwach und ihre Knochen stark.
Er sorgt stets, daß die Leute ohne Erkennen und ohne
Begehren sind,
und daß jene »Erkennenden« nicht zu handeln wagen.
Das Nicht-Handeln üben:
so kommt alles in Ordnung.

4.
VON EWIGKEIT HER

Der SINN faßt alles Bestehende in sich.
Aber durch sein Wirken geht er nicht etwa
im Bestehenden auf.
Abgründig ist er, als wie aller Geschöpfe Ahn.
Er mildert ihre Schärfe.
Er löst ihre Wirrsale.
Er mäßigt ihren Glanz.
Er vereinigt sich mit ihrem Staub.
Unsichtbar ist er und doch als wie wirklich.
Ich weiß nicht, wessen Sohn er ist.
Er scheint früher zu sein als der HERR.

5.

DIE WIRKUNG DER MÖGLICHKEIT

Nicht Liebe nach Menschenart hat die Natur:
Ihr sind die Geschöpfe wie stroherne Hunde*.
Nicht Liebe nach Menschenart hat der Berufene:
Ihm sind seine Leute wie stroherne Hunde.

Ist nicht die Feste zwischen Himmel und Erde
wie ein Blasebalg?
Es ist leer und fällt doch nicht zusammen.
Es bewegt sich, und um so mehr kommt daraus hervor.
Aber viele Worte erschöpfen sich daran.
Besser ist es, das Innere zu bewahren.

* Bei Opfern wurden Hunde aus Stroh gemacht, die während des Opfers festlich geschmückt, aber nachdem sie ihren Zweck erfüllt hatten, achtlos beiseite geworfen wurden. Nicht das einzelne Indviduum ist das Objekt der Fürsorge der Natur, sondern der Zweck, dem es im Ganzen dient.

6.

DAS WERDEN DER FORMEN

Der Geist der Tiefe stirbt nicht.
Das ist das Ewig-Weibliche.
Des Ewig- Weiblichen Ausgangspforte
Ist die Wurzel von Himmel und Erde.
Endlos drängt sich's und ist doch wie beharrend.
In seinem Wirken bleibt es mühelos.

7.

VERHÜLLUNG DES LICHTS

Der Himmel ist ewig und die Erde dauernd.
Die Ursache der ewigen Dauer von Himmel und Erde ist,
daß sie nicht sich selber leben.
Darum können sie dauernd Leben geben.
Also auch der Berufene:
Er setzt sein Selbst hintan,
und sein Selbst kommt voran.
Er entäußert sich seines Selbst,
und sein Selbst bleibt erhalten.
Ist es nicht also:
Weil er nichts Eigenes will,
darum wird sein Eigenes vollendet?

8.

DAS WESEN DER BEWEGLICHKEIT

Höchste Güte ist wie das Wasser.
Des Wassers Güte ist es, allen Wesen zu nützen ohne Streit.
Es weilt an Orten, die alle Menschen verachten.
Drum steht es nahe dem SINN.
Beim Wohnen zeigt sich die Güte an dem Platze.
Beim Denken zeigt sich die Güte in der Tiefe.
Beim Schenken zeigt sich die Güte in der Liebe.
Beim Reden zeigt sich die Güte in der Wahrheit.
Beim Walten zeigt sich die Güte in der Ordnung.
Beim Wirken zeigt sich die Güte im Können.
Beim Bewegen zeigt sich die Güte in der rechten Zeit.
Wer sich nicht selbst behauptet,
bleibt eben dadurch frei von Tadel.

9.

SELBSTBESCHRÄNKUNG

Etwas festhalten wollen und dabei es überfüllen:
das lohnt der Mühe nicht.
Etwas handhaben wollen und dabei es immer scharf halten:
das läßt sich nicht lange bewahren.
Mit Gold und Edelsteinen gefüllten Saal
kann niemand beschützen.
Reich und vornehm und dazu hochmütig sein:
das zieht von selbst das Unglück herbei.
Ist das Werk vollbracht, dann sich zurückziehen:
das ist des Himmels SINN.

10.

MÖGLICHKEITEN

Wer leuchtend seinen Geist bewahrt,
daß er Eines nur umfängt,
der mag wohl innern Zwiespalt vermeiden.
Wer seine Seele einfältig macht und demütig,
der mag wohl werden wie ein Kindlein.
Wer reinigt und läutert sein inneres Schauen,
der mag wohl seiner Fehler ledig werden.
Wer seine Leute liebt als Herrscher des Reichs,
der mag wohl ohne Handeln wirken können.
Wenn des Himmels Pforten sich öffnen und schließen,
so mag er wohl rein empfangend sein.
Wer mit klarem Blicke alles durchdringt,
der mag wohl ohne Kenntnisse bleiben.
Erzeugen und ernähren,
erzeugen und nicht besitzen:
wirken und nicht behalten,
mehren und nicht beherrschen:
Das ist geheimes LEBEN.

11.
DIE WIRKSAMKEIT DES NEGATIVEN

Dreißig Speichen treffen sich in einer Nabe:
Auf dem Nichts daran (dem leeren Raum)
beruht des Wagens Brauchbarkeit.
Man bildet Ton und macht daraus Gefäße:
Auf dem Nichts daran beruht des Gefäßes Brauchbarkeit.
Man durchbricht die Wand mit Türen und Fenstern,
damit ein Haus entstehe:
Auf dem Nichts daran beruht des Hauses Brauchbarkeit.
Darum: Das Sein gibt Besitz, das Nichtsein Brauchbarkeit.

12.

ZÜGELUNG DER BEGIERDEN

Die Farben machen der Menschen Augen blind.
Die Töne machen der Menschen Ohren taub.
Die Würzen machen der Menschen Gaumen schal.
Rennkampf und Jagd machen
der Menschen Begehren wild.
Seltene Güter machen der Menschen Wandel irr.
Also auch der Berufene:
Er sorgt für den Leib und nicht für das Auge.
Darum tut er ab das Ferne und hält sich ans Nahe.

13.

ABSCHEU VOR BESCHÄMUNG

Gnade ist beschämend durch die Furcht.
Ehre ist ein großes Übel durch das Ich.
[Was heißt das: »Gnade ist beschämend durch die Furcht«?
Gnade ist etwas Erniedrigendes;
bekommt man sie, so muß man sich wie fürchten,
verliert man sie, so muß man sich wie fürchten.
Das heißt: »Gnade ist beschämend durch die Furcht.«
Was heißt das: »Ehre ist ein großes Übel durch das Ich«?
Der Grund, warum ich große Übel erfahre, ist,
daß ich ein Ich habe.
Wenn ich kein Ich habe,
welches Übel gibt es dann noch?]
Darum: Wer in seinem Ich die Welt ehrt,
dem kann man wohl die Welt anvertrauen.
Wer in seinem Ich die Welt liebt,
dem kann man wohl die Welt übergeben.

14.

LOB DES GEHEIMNISSES

Man schaut nach ihm und sieht ihn nicht:
Sein Name ist: Gleich.
Man horcht nach ihm und hört ihn nicht:
Sein Name ist: Fein.
Man faßt nach ihm und ergreift ihn nicht:
Sein Name ist: Klein.
Diese drei kann man nicht trennen,
sie sind vermischt und bilden Eines.
Sein Oberes ist nicht klarer,
sein Unteres ist nicht trüber.
Grenzenlos quellend,
man kann ihn nicht nennen,
er reicht zurück ins Nicht-Wesen.
Das ist es, das gestaltlose Gestalt heißt
und das bildloses Bild heißt.
Das ist es, das Unsichtbarkeit heißt:
Ihm entgegenkommend sieht man nicht sein Antlitz,
ihm folgend sieht man nicht seine Rückseite.
Wer erfaßt den SINN des Alten,
kann damit beherrschen das Sein des Heute
und kann die Uranfänge erkennen:
Das ist des SINNS durchgehender Faden.

15.

WIE DAS LEBEN SICH ZEIGT

Die vor alters tüchtig waren als Meister,
waren im verborgenen eins mit den unsichtbaren Kräften.
Tief waren sie, so daß man sie nicht kennen kann.
Weil man sie nicht kennen kann,
darum kann man nur mit Mühe ihr Äußeres beschreiben.
Zögernd, wie wer im Winter einen Fluß durchschreitet,
vorsichtig, wie wer von allen Seiten Nachbarn fürchtet,
zurückhaltend, wie Gäste,
einfach, wie unbearbeiteter Stoff,
weit waren sie, wie die Tiefe,
undurchsichtig waren sie, wie das Trübe.
Wer kann (wie sie) das Trübe durch Stille
allmählich klären?
Wer kann (wie sie) die Ruhe durch Dauer
allmählich erzeugen?
Wer diesen SINN bewahrt,
begehrt nicht Fülle.
Denn nur weil er keine Fülle hat,
darum kann er gering sein,
das Neue meiden
und die Vollendung erreichen.

16.

RÜCKKEHR ZUR WURZEL

Wenn wir die äußerste Selbstenteignung erreicht,
die Stille unerschütterlich bewahren,
so mögen alle Wesen zugleich sich regen:
wir schauen zu, wie sie wiederkehren.
Der Wesen zahllose Menge entwickelt sich,
doch jedes wendet sich zurück zu seiner Wurzel.
Zurückgewandt sein zur Wurzel: das ist Stille.
Stille: das ist Rückkehr zur Bestimmung.
Rückkehr zur Bestimmung: das ist Ewigkeit.
Die Ewigkeit erkennen: das ist Weisheit.
Wer die Ewigkeit nicht erkennt,
der handelt blindlings und unheilvoll.
Erkenntnis der Ewigkeit bringet Duldsamkeit.
Duldsamkeit bringet Edelsinn.
Edelsinn bringet Herrschaft.
Herrschaft bringet himmlisches Wesen.
Himmlisches Wesen bringet den SINN.
Der SINN bringet Dauer.
Ist das Ich nicht mehr, so gibt es keine Gefahren.

17.

REINHEIT DES WIRKENS

Herrscht ein ganz Großer,
    so weiß das Volk nur eben, daß er da ist.
Mindere werden geliebt und gelobt,
noch Mindere werden gefürchtet,
noch Mindere werden mißachtet.
Vertraut man nicht genug,
so findet man kein Vertrauen.
Wie überlegt waren jene im Werten ihrer Worte!
Die Werke wurden vollbracht, die Arbeit wurde getan,
und die Leute im Volk dachten alle:
»Wir sind selbständig.«

18.

VERFALL DER SITTE

Der große SINN ward verlassen:
so gab es Sittlichkeit und Pflicht.
Klugheit und Erkenntnis kamen auf:
so gab es die großen Lügen.
Die Blutsverwandten wurden uneins:
so gab es Kindespflicht und Liebe.
Die Staaten kamen in Verwirrung und Unordnung:
so gab es treue Diener.

19.

RÜCKKEHR ZUR ECHTHEIT

Gebt auf die Heiligkeit, werft weg die Erkenntnis:
Und das Volk wird hundertfach gewinnen!
Gebt auf die Sittlichkeit, werft weg die Pflicht:
Und das Volk wird zurückkehren zu
    Familiensinn und Liebe!
Gebt auf die Kunst, werft weg den Gewinn:
Und Diebe und Räuber wird es nicht mehr geben!
In diesen drei Stücken ist der schöne Schein
    nicht ausreichend.
So sorgt, daß die Menschen etwas haben,
    woran sie sich halten können!
Zeigt Einfachheit, haltet fest an der Lauterkeit:
so mindert sich die Selbstsucht,
    so verringern sich die Begierden.

20.

ABSEITS VON DER MENGE

Gebt auf eure Gelehrsamkeit:
so werdet ihr frei von Sorgen!
Zwischen Ja und Jawohl: was ist da für ein Unterschied?
Zwischen Gut und Böse: was ist da für ein Unterschied?
Was aber alle verehren,
das darf man nicht ungestraft bei Seite setzen.
Einöde, habe ich noch nicht deine Mitte erreicht?
Die Menschen der Menge sind strahlend,
wie bei der Feier großer Feste,
Wie wenn man im Frühling auf die Türme steigt:
Ich allein bin unschlüssig, noch ohne Zeichen
für mein Handeln,
Wie ein Kindlein, das noch nicht lachen kann!
Ein müder Wanderer, der keine Heimat hat!
Die Menschen der Menge leben alle im Überfluß:
Ich allein bin wie verlassen!
Wahrlich, ich habe das Herz eines Toren!
Chaos, ach Chaos!
Die Menschen der Welt sind hell, so hell:
Ich allein bin wie trübe!
Die Menschen der Welt sind so wißbegierig:
Ich allein bin traurig, so traurig!
Unruhig, ach, als das Meer!
Umhergetrieben, ach, als einer, der nirgends weilt!
Die Menschen der Menge haben alle etwas zu tun:
Ich allein bin müßig wie ein Taugenichts!
Ich allein bin anders, als die Menschen:
Denn ich halte wert die spendende Mutter.

21.

DAS LEERE HERZ

Des großen LEBENS Form
folgt ganz dem SINN.
Der SINN wirkt die Dinge
unsichtbar, unfaßlich!
Unfaßlich, unsichtbar
sind in ihm Bilder!
Unsichtbar, unfaßlich
sind in ihm Dinge!
Unergründlich, dunkel
ist in ihm Same!
Dieser Same ist die Wahrheit.
In ihr ist der Glaube.
Von Anbeginn bis heute
ist sein Name nicht zu entbehren,
um zu verstehen aller Dinge Entstehung.
Und woher weiß ich,
daß aller Dinge Entstehung so beschaffen ist?
Eben durch ihn.

22.

WERT DER DEMUT

Was halb ist, wird voll werden.
Was krumm ist, wird gerade werden.
Was leer ist, wird gefüllt werden.
Was alt ist, wird neu werden.
Wer wenig hat, wird bekommen.
Wer viel hat, wird umnebelt werden.
Also auch der Berufene:
Er umfaßt das Eine
und ist der Welt Vorbild.
Er will nicht selber scheinen,
darum wird er erleuchtet.
Er will nichts selber sein,
darum wird er herrlich.
Er rühmt sich selber nicht,
darum vollbringt er Werke.
Er tut sich nicht selber hervor,
darum wird er erhoben.
Denn wer nicht streitet,
mit dem kann niemand auf der Welt streiten.
Was die Alten gesagt: »Was halb ist, soll voll werden«,
ist fürwahr kein leeres Wort.
Alle wahre Vollkommenheit ist darunter befaßt.

23.

LEERE UND NICHTSEIN

Seine Worte selten machen,
dann geht alles von selber.
Ein Wirbelwind dauert keinen Morgen lang.
Ein Platzregen dauert keinen Tag.
Und wer ist es, der diese wirkt?
Der Himmel und die Erde.
Wenn nicht einmal der Himmel und die Erde
    in solchen Dingen Dauer haben,
wieviel weniger der Mensch.

[Darum: Wenn du an dein Werk gehst mit dem SINN,
so wirst du mit denen, so den SINN haben, eins im SINN,
mit denen, so das LEBEN haben, eins im LEBEN,
mit denen, so arm sind, eins in ihrer Armut.
Bist du eins mit ihnen im SINN,
so kommen dir die, so den SINN haben,
    auch freudig entgegen.
Bist du eins mit ihnen im LEBEN,
so kommen dir die, so das LEBEN haben,
    auch freudig entgegen.
Bist du eins mit ihnen in ihrer Armut.
so kommen dir die, so da arm sind,
    auch freudig entgegen.
Wo aber der Glaube nicht stark genug ist,
da findet man keinen Glauben.]

24.

BITTERE HERRLICHKEIT

Wer auf den Zehen steht,
steht nicht fest.
Wer mit gespreizten Beinen geht,
kommt nicht voran.
Wer selber scheinen will,
wird nicht erleuchtet.
Wer selber etwas sein will,
wird nicht herrlich.
Wer selber sich rühmt,
vollbringt nicht Werke.
Wer selber sich hervortut,
wird nicht erhoben.
Er ist für den SINN wie Küchenabfall und Eiterbeule.
Und auch die Geschöpfe alle hassen ihn.
Darum: wer den SINN hat,
weilt nicht dabei.

25.

DES UNZULÄNGLICHEN GLEICHNIS

Sein und Nichtsein ist ungetrennt durcheinander,
ehe Himmel und Erde entstehen.
So still! so leer!
Allein steht es und kennt keinen Wechsel.
Es wandelt im Kreise und kennt keine Unsicherheit.
Man kann es fassen als die Mutter der Welt.
Ich weiß seinen Namen nicht.
Ich bezeichne es als »SINN«.
Mich mühend, seine Art zu künden,
nenne ich es: »groß«.
Groß, damit meine ich: immer im Flusse.
Immer im Flusse, damit meine ich: in allen Fernen.
In allen Fernen, damit meine ich: in sich zurückkehrend.
Und darum heißt es:
Der SINN ist groß, der Himmel ist groß,
die Erde ist groß und auch der Menschenkönig ist groß.
Vier Große gibt es im Weltraum,
und der Menschenkönig ist einer davon.
Der Mensch hat die Erde zum Vorbild.
Die Erde hat den Himmel zum Vorbild.
Der Himmel hat den SINN zum Vorbild.
Und der SINN hat sich selber zum Vorbild.

26.

WESEN DES SCHWEREN

Das Gewichtige ist des Leichten Wurzel.
Die Stille ist der Unruhe Herr.
Also auch der Edle:
Er wandert den ganzen Tag,
ohne sich vom schweren Gepäck zu trennen.
Mag er auch alle Herrlichkeiten vor Augen haben:
Er weilt zufrieden in seiner Einsamkeit.
Wie viel weniger erst darf der Herr des Reiches
in seinem Selbst den Erdkreis leicht nehmen!
Durch Leichtnehmen verliert man die Wurzel.
Durch Unruhe verliert man die Herrschaft.

27.

WEISHEIT IM ÜBEN

Guter Wandrer läßt keine Spur zurück
Guter Sprecher gibt sich keine Blöße.
Guter Rechner braucht keine Rechenstäbchen.
Guter Schließer schließt nicht mit Schloß und Riegel,
und doch kann niemand auftun.
Guter Binder bindet nicht mit Band und Strick,
und doch kann niemand lösen.
Also auch der Berufene:
Er ist allzeit ein guter Retter der Menschen,
darum gibt es keine verworfenen Menschen.
Er ist allzeit ein guter Retter der Geschöpfe,
darum gibt es keine verworfenen Geschöpfe.
Das ist seine zweifache Erleuchtung.
Er macht die guten Menschen zu Lehrern der Nichtguten
und macht die nichtguten Menschen zum Stoff für die Guten.
Wer nicht ehren wollte seine Lehrer
und nicht lieben wollte seinen Stoff,
der wäre trotz aller Erkenntnis in großer Verblendung.
Das ist das wichtigste Geheimnis.

28.

RÜCKKEHR ZUR EINFALT

Wer seine männliche Kraft erkennt
und dennoch in weiblicher Schwachheit weilt,
der ist das Strombett der Welt.
Ist er das Strombett der Welt,
so verläßt ihn nicht das ewige LEBEN,
und er kann wieder umkehren und werden wie ein Kindlein.

Wer sein Licht erkennt
und dennoch im Dunkel weilt,
der ist das Vorbild der Welt.
Ist er das Vorbild der Welt,
so fehlt ihm nicht das ewige LEBEN,
und er kann wieder umkehren zum Ungewordenen.

Wer seine Ehre erkennt
und dennoch in Schande weilt,
der ist das Tal der Welt.
Ist er das Tal der Welt,
so hat er Genüge des ewigen LEBENS,
und er kann wieder umkehren zur Einfalt.

[Ist die Einfalt zerstreut, so gibt es »brauchbare« Menschen.
Übt der Berufene sie aus, so wird er der Herr der Beamten.
Darum: Großartige Gestaltung bedarf nicht des Beschneidens.]

29.

VOM NICHTHANDELN

Die Welt erobern wollen durch Handeln:
Ich habe erlebt, daß das mißlingt.
Die Welt ist ein geistiges Ding,
das man nicht behandeln darf.
Wer handelt, verdirbt sie.
Wer festhält, verliert sie.
Denn: die Geschöpfe gehen voran oder folgen,
sie seufzen oder schnauben,
sie sind stark oder schwach,
sie siegen oder unterliegen.
Also auch der Berufene:
Er meidet das Heftige.
Er meidet das Üppige.
Er meidet das Großartige.

30.

WARNUNG VOR DEM KRIEG

Wer nach dem SINN dem Menschenherrscher hilft,
zwingt nicht mit Waffen die Welt.
Seine Art ist es, den Rückzug zu lieben.
Wo Kämpfer geweilt, wachsen Disteln und Dornen.
Hinter den großen Heeren her kommt sicher böse Zeit.
Der Tüchtige will Entscheidung und nichts mehr.
Er wagt nicht Eroberung mit Gewalt.
Entscheidung, ohne sich zu brüsten,
Entscheidung, ohne sich zu rühmen,
Entscheidung, ohne stolz zu sein,
Entscheidung, weil's nicht anders geht,
Entscheidung, ferne von Gewalt.

Sind die Geschöpfe stark geworden, altern sie.
Denn das ist Wider-SINN.
Und Wider-SINN ist nah dem Ende.

31.

(DIE WAFFEN NIEDER

Auch die schönsten Waffen sind unheilbringende Geräte,
und die Geschöpfe hassen sie wohl.
Darum: Wer den SINN hat, weilt nicht dabei.
Der Edle in seinem gewöhnlichen Leben
achtet die Linke als Ehrenplatz.
Beim Waffenhandwerk
ist die Rechte der Ehrenplatz.
Die Waffen sind unheilbringende Geräte,
nicht Geräte für den Edlen.
Nur wenn er nicht anders kann, gebraucht er sie.
Ruhe und Frieden sind ihm das Höchste.
Er siegt, aber er freut sich nicht daran.
Wer sich daran freuen wollte,
  würde sich ja des Menschenmordes freuen.
Wer sich des Menschenmordes freuen wollte,
  kann nicht sein Ziel erreichen in der Welt.
Bei Glücksfällen achtet man die Linke als Ehrenplatz.
Bei Unglücksfällen achtet man die Rechte als Ehrenplatz.
Der Unterfeldherr steht zur Linken,
  der Oberführer steht zur Rechten.
Das heißt: er nimmt seinen Platz ein
  nach dem Brauch der Trauerfeiern.
Menschen töten in großer Zahl,
  das soll man beklagen mit Tränen des Mitleids.
Wer im Kampfe gesiegt,
  der soll wie bei einer Trauerfeier weilen.)

32.

DAS LEBEN DER BERUFENEN

Solange der SINN in seiner vorweltlichen Ewigkeit verharrt,
gibt es keine Namen.
[So unscheinbar die Einfalt ist.
so wagt doch niemand auf der Welt
sie als bloßes Mittel zu verwenden.
Wenn Fürsten und Könige sie zu wahren verstehen.
so stellen sich alle Geschöpfe als Gäste zur Seite:
Himmel und Erde vereinigen sich,
um süßen Tau zu träufeln.
Das Volk, ungeheißen, wird ganz von selber recht.]
Wenn die äußere Gestaltung beginnt,
dann erst gibt es Namen.
Solange die Namen am Sein einen Maßstab haben,
weiß man auch noch, wo Einhalt zu tun ist.
Weiß man, wo Einhalt tun, so vermeidet man Verwirrung.
Man kann das Verhältnis des SINNS zur Welt vergleichen
mit den Bergbächen und Talwassern,
die sich in Ströme und Meere ergießen.

33.

UNTERSCHIEDE DES WESENS

Wer andre kennt, ist klug,
Wer sich selber kennt; ist weise.
Wer andere besiegt, hat Kraft,
Wer sich selber besiegt, ist stark.
Wer sich durchsetzt, hat Willen,
Wer sich genügen läßt, ist reich.
Wer seinen Platz nicht verliert, hat Dauer.
Wer auch im Tode nicht untergeht, der lebt.

34.

DIE AUFGABE DER VOLLENDUNG

Der große SINN ist allgegenwärtig,
er kann zur Rechten sein und zur Linken.
Alle Geschöpfe verdanken ihm ihr Dasein,
und er verweigert sich ihnen nicht.
Das Werk wird vollbracht,
und er nennt es nicht seinen Besitz.
Er kleidet und nährt alle Geschöpfe,
und er spielt nicht den Herrn.
Insofern er ewig ohne Begehren ist,
kann man ihn als klein bezeichnen.
Insofern alle Geschöpfe sich ihm zuwenden,
[und er spielt nicht den Herrn]
kann man ihn als groß bezeichnen:
Also auch der Berufene:
Niemals macht er sich groß;
darum bringt er sein Großes Werk zustande.

35.

DAS LEBEN DER LIEBE

Wer festhält das große Urbild,
zu dem kommt die Welt.
Sie kommt und wird nicht verletzt,
in Ruhe, Gleichheit und Seligkeit.

Musik und Köder:
Sie machen wohl den Wanderer auf seinem Wege anhalten.
Der SINN geht aus dem Munde hervor
milde und ohne Geschmack.
Du blickst nach ihm und siehst nichts Sonderliches.
Du horchst nach ihm und hörst nichts Sonderliches.
Du handelst nach ihm und – findest kein Ende.

36.

GEHEIME ERLEUCHTUNG

Was man zusammenziehen will,
das muß man erst sich richtig ausdehnen lassen.
Was man schwächen will,
das muß man erst richtig stark werden lassen.
Was man beseitigen will,
das muß man erst richtig sich ausleben lassen.
Wo man nehmen will,
da muß man erst richtig geben.
Das heißt die geheime Erleuchtung.
Das Weiche siegt über das Harte.
Das Schwache siegt über das Starke.
Den Fisch darf man nicht der Tiefe entnehmen.
Des Reiches Förderungsmittel
darf man nicht den Leuten zeigen.

37.

AUSÜBUNG DER HERRSCHAFT

Der SINN ist ewig ohne Handeln,
und nichts bleibt ungewirkt.
Wenn Fürsten und Könige ihn zu wahren verstünden,
so würden alle Geschöpfe von selber sich gestalten.
Und wenn beim Gestalten die Wünsche sich regten,
so würde ich sie zügeln durch Einfalt ohne Namen.
Die Einfalt ohne Namen führt zur Wunschlosigkeit.
Die Wunschlosigkeit führt zur Stille:
So wird die Welt von selber recht.

Zweiter Teil

DAS LEBEN

38.

ÜBER DAS LEBEN

Das hohe LEBEN sucht nicht sein LEBEN,
also hat es LEBEN.
Das niedere LEBEN sucht sein LEBEN nicht zu verlieren,
also hat es kein LEBEN.
Das hohe LEBEN ist ohne Handeln und ohne Absicht.
Das niedere LEBEN handelt und hat Absichten:
Die Liebe handelt und hat nicht Absichten.
Die Gerechtigkeit handelt und hat Absichten.
Die Moral handelt, und wenn man ihr entgegenkommt –
so fuchtelt sie mit den Armen und zieht einen herbei.
Darum: Ist der SINN abhanden, dann das LEBEN.
Ist das LEBEN abhanden, dann die Liebe.
Ist die Liebe abhanden, dann die Gerechtigkeit.
Ist die Gerechtigkeit abhanden, dann die Moral.
Diese Moral ist Treu und Glaubens Dürftigkeit
und der Verwirrung Beginn.
Vorbedacht ist des SINNES Schein
und der Torheit Anfang.
Also auch der rechte Mann:
Er weilt beim Völligen und nicht beim Dürftigen.
Er bleibt beim Sein und nicht beim Schein.
Darum tut er ab das Ferne und hält sich ans Nahe.

39.

DIE WURZEL DES GESETZES

Die im Anfang das Eine erlangten:

Der Himmel erlangte das Eine und ist rein.
Die Erde erlangte das Eine und ist fest.
Die Geister erlangten das Eine und sind wirkend.
Die Tiefe erlangte das Eine und erfüllt sich.
(Alle Geschöpfe erlangten das Eine und leben.)
Die Herrscher erlangten das Eine und
sind das Richtmaß der Welt.
In diesen allen wirkt das Eine.
Wäre der Himmel nicht rein dadurch, so müßte er bersten.
Wäre die Erde nicht fest dadurch, so müßte sie wanken.
Wären die Geister nicht wirkend dadurch,
so müßten sie erstarren.
Wäre die Tiefe nicht erfüllt dadurch,
so müßte sie sich erschöpfen.
(Wären die Geschöpfe nicht lebendig dadurch,
so müßten sie erlöschen.)
Wären die Herrscher nicht erhaben dadurch,
so müßten sie stürzen.
Darum: Das Edle hat das Geringe zur Wurzel.
Das Hohe hat das Niedrige zur Grundlage.
Also auch die Fürsten und Könige:
Sie nennen sich: »Einsam«, »Verwaist«, »Wenigkeit«.
Dadurch bezeichnen sie das Geringe als ihre Wurzel.
Oder ist es nicht so?
Denn: Ohne die einzelnen Bestandteile eines Wagens
gibt es keinen Wagen.
Wünsche nicht das glänzende Gleißen des Juwels
sondern die rohe Rauheit des Steins.

40.

WIRKUNGSART DES ZURÜCKGEHENS

Rückkehr ist die Bewegung des SINNS.
Schwachheit ist die Äußerungsart des SINNS.
Alle Dinge in der Welt entstehen im Sein.
Das Sein entsteht im Nichtsein.

41.

GLEICHHEIT UND UNTERSCHIED

Wenn ein Weiser höchster Art vom SINNE hört,
so bemüht er sich danach zu tun.
Wenn ein Weiser mittlerer Art vom SINNE hört,
so hält er bald an ihm fest, bald wieder gibt er ihn preis.
Wenn ein Weiser niederer Art vom SINNE hört,
so lacht er laut darüber.
Wenn er nicht laut lacht,
so war es noch nicht der eigentliche SINN.
Darum hat ein Spruchdichter die Worte:
»Der klare SINN erscheint dunkel.
Der SINN des Fortschritts erscheint als Rückzug.
Der ebene SINN erscheint rauh.
Das höchste LEBEN erscheint als Leere.
Die höchste Reinheit erscheint als Schmach.
Das weite LEBEN erscheint als ungenügend.
Das starke LEBEN erscheint verstohlen.
Das wahre Wesen erscheint veränderlich.
Das große Geviert hat keine Ecken.
Das große Gerät wird spät vollendet.
Der große Ton hat unhörbaren Laut.
Das große Bild hat keine Form.«
Der SINN in seiner Verborgenheit ist ohne Namen.
Und doch ist gerade der SINN
gut im Spenden und Vollenden.

42.

DIE WANDLUNGEN DES SINNS

Der SINN erzeugt die Einheit.
Die Einheit erzeugt die Zweiheit.
Die Zweiheit erzeugt die Dreiheit.
Die Dreiheit erzeugt alle Geschöpfe.
Alle Geschöpfe haben im Rücken das Dunkle
und umfassen das Lichte,
und der unendliche Lebensatem gibt ihnen Einklang.

Was die Menschen hassen,
ist Verlassenheit, Einsamkeit, Wenigkeit.
Und doch wählen Fürsten und Könige sie
zu ihrer Selbstbezeichnung.
Denn die Wesen werden entweder
durch Verringerung vermehrt
oder durch Vermehrung verringert.
Was andre lehren, lehre ich auch:
»Die Starken sterben nicht eines natürlichen Todes«.
Das will ich zum Ausgangspunkt meiner Lehre machen.

43.

UNGEHEMMTE WIRKUNG

Das Allerweichste auf Erden
überholt das Allerhärteste auf Erden.
Das Nichtseiende dringt auch noch ein in das,
 was keinen Zwischenraum hat.
Daran erkennt man den Wert des Nicht-Handelns.
Die Belehrung ohne Worte, den Wert des Nicht-Handelns
erreichen nur wenige auf Erden.

44.

WARNUNG

Der Name oder das Ich:
Was steht näher?
Das Ich oder der Besitz:
Was ist mehr?
Gewinnen oder verlieren:
Was ist schlimmer?
Nun aber:
Wer sein Herz an andres hängt,
verbraucht notwendig Großes.
Wer viel sammelt,
verliert notwendig Wichtiges.
Wer sich genügen lässet,
kommt nicht in Schande.
Wer Einhalt zu tun weiß,
kommt nicht in Gefahr
und kann so ewig dauern.

45.
ÜBERSTRÖMENDES LEBEN

Große Vollendung muß wie unzulänglich erscheinen,
so wird sie unendlich in ihrer Wirkung.
Große Fülle muß wie leer erscheinen,
so wird sie unerschöpflich in ihrer Wirkung.
Große Geradheit muß wie krumm erscheinen.
Große Begabung muß wie dumm erscheinen.
Große Beredsamkeit muß wie stumm erscheinen.
Bewegung überwindet die Kälte.
Stille überwindet die Hitze.
Reinheit und Stille ist der Welt Richtmaß.

46.

MÄSSIGUNG DER BEGIERDEN

Wenn der SINN herrscht auf Erden,
so tut man die Rennpferde ab zum Dungführen.
Wenn der SINN abhanden ist auf Erden,
so werden Kriegsrosse gezüchtet auf dem Anger.
Keine größere Schuld gibt es
als Billigung der Begierden.
Kein größeres Übel gibt es
als sich nicht lassen genügen.
Kein schlimmeres Unheil gibt es
als die Sucht nach Gewinn.
Denn:
Das Genügen der Genügsamkeit ist dauerndes Genügen.

47.

FERNSCHAU

Ohne aus der Tür zu gehen,
kann man die Welt erkennen.
Ohne aus dem Fenster zu blicken,
kann man des Himmels SINN erschauen.
Je weiter einer hinaus geht,
desto weniger wird sein Erkennen.
Also auch der Berufene:
Er wandert nicht und kommt doch ans Ziel.
Er sieht sich nicht um und vermag doch zu benennen.
Er handelt nicht und bringt doch zur Vollendung.

48.

VERGESSEN DES ERKENNENS

Wer im Forschen wandelt, nimmt täglich zu.
Wer im SINNE wandelt, nimmt täglich ab.
Er verringert sein Tun und verringert es immer mehr,
bis er anlangt beim Nicht-Tun.
Beim Nicht-Tun bleibt nichts ungetan.
Das Reich erlangen kann man nur,
wenn man immer frei bleibt von Geschäftigkeit.
Die Vielbeschäftigten sind nicht geschickt,
    das Reich zu erlangen.

49.

DAS WESEN DER NACHGIEBIGKEIT

Der Berufene hat kein Herz für sich.
Er macht der Leute Herz zu seinem Herzen.
Zu den Guten bin ich gut,
und zu den Nichtguten bin ich auch gut;
denn das LEBEN ist die Güte.
Zu den Treuen bin ich treu,
und zu den Nichttreuen bin ich auch treu;
denn das LEBEN ist die Treue.
Der Berufene lebt in der Welt ganz still,
aber er macht sein Herz weit für die Welt.
Die Leute alle starren auf ihn und horchen.
Der Berufene behandelt sie alle als seine Kinder.

50.

DIE ENGE PFORTE DES LEBENS

Ausgehen ist Leben, eingehen ist Tod.
Knechte des Lebens gibt es drei unter zehn,
Knechte des Todes gibt es drei unter zehn.
Menschen, die das Leben suchen und dabei
 ihre sterbliche Stelle regen,
gibt es auch drei unter zehn.
Warum das?
Weil sie des Lebens Völligkeit erzeugen wollen.
Ich habe wohl gehört:
Wer gut das Leben zu führen weiß,
der wandelt durch's Land
und braucht nicht zu vermeiden Tiger und Nashorn.
Er schreitet durch ein Heer
und braucht nicht zu tragen Panzer und Waffen.
Das Nashorn hat nichts an ihm, da es sein Horn einbohre.
Der Tiger hat nichts, da er seine Krallen einschlage.
Die Waffe hat nichts, das ihre Schneide aufnehme.
Warum das?
Weil er keine sterbliche Stelle hat.

51.
PFLEGE DES LEBENS

Der SINN erzeugt.
Das LEBEN nährt.
Das Wesen gestaltet.
Die Kraft vollendet.
Also auch:
unter allen Geschöpfen ist keines,
das nicht den SINN ehrt
und das LEBEN werthält.
Wird der SINN geehrt und das LEBEN gewertet,
so bedarf es keiner Gebote:
und alles geht beständig von selber.
Darum, laß den SINN erzeugen,
nähren, vermehren,
bilden, vollenden,
reifen, aufziehen, schützen:
Erzeugen und nicht besitzen,
wirken und nicht behalten,
mehren und nicht beherrschen:
Das ist geheimes LEBEN.

52.

RÜCKKEHR ZUM URSPRUNG

Der Anfang des Seins der Welt
heißt die Mutter der Welt.
Wer seine Mutter findet,
    um seine Kindschaft zu erkennen,
wer seine Kindschaft erkennt,
    um seine Mutter zu bewahren:
Der kommt beim Aufhören des Ichs in keine Gefahr.
Wer seinen Mund zuhält und seine Pforten schließt,
der hat sein Leben lang nicht Mühsal.
Wer seinen Mund auftut und
    seine Handlungen in Ordnung bringen will,
dem ist sein Leben lang nicht zu helfen.
Wer das Kleine wahrnimmt, ist klar.
Wer das Weiche wahrt, ist stark.
Wer sein Licht gebraucht,
um zurückzukehren zu seiner Klarheit,
der hinterläßt kein Ich, das eine Gefahr treffen könnte.
Das heißt: das Ewige erben.

53.

BEWEIS DES ÜBERFLUSSES

Wenn ich nur von außen her die Kenntnis habe
und wandeln will im großen SINN,
so ist es äußeres Gebaren, das ich wichtig nehme.
Wo die großen Straßen schön eben sind,
das Volk aber die Seitenwege liebt,
wo die Hofhaltung schön sauber ist,
aber die Felder voll Unkraut stehen
und die Scheunen leer sind,
wo die Kleidung schmuck und prächtig ist,
wo jeder einen scharfen Dolch im Gürtel trägt,
wo man heikel ist im Essen und Trinken,
wo sich die Güter im Überfluß finden:
Da herrscht Räuberwirtschaft, nicht der SINN.

54.

PFLEGE DES SCHAUENS

Was gut gepflanzt ist, wird nicht ausgerissen.
Was gut umfangen wird, wird nicht entgehen.
Wer sein Gedächtnis Söhnen und Enkeln hinterläßt,
hört nicht auf.
Gestaltet man danach sein Ich,
so zeigt sich seines LEBENS Echtheit.
Gestaltet man danach sein Haus,
so zeigt sich seines LEBENS Fülle.
Gestaltet man danach seine Gegend,
so zeigt sich seines LEBENS Wachstum.
Gestaltet man danach sein Land,
so zeigt sich seines LEBENS Blüte.
Gestaltet man danach seine Welt,
so zeigt sich seines LEBENS Allgemeinheit.
Darum: nach deinem Ich beurteile das Ich des andern.
Nach deinem Haus beurteile das Haus der andern.
Nach deiner Gegend beurteile die Gegend der andern.
Nach deinem Land beurteile das Land der andern.
Nach deiner Welt beurteile die Welt der andern.
Und wie kann ich erkennen, daß es so steht in der Welt?
Eben auf diese Weise.

55.

GEHEIMNISVOLLER ZAUBER

Wer festhält des LEBENS Völligkeit,
der gleicht einem neugeborenen Kindlein:
Giftige Schlangen stechen es nicht.
Reißende Tiere packen es nicht.
Raubvögel stoßen nicht nach ihm.
Seine Knochen sind schwach, seine Sehnen weich,
und doch kann es fest zugreifen.
Es weiß noch nichts von Mann und Weib,
und doch regt sich sein Blut,
weil es des Samens Fülle hat.
Es kann den ganzen Tag schreien,
und doch wird seine Stimme nicht heiser,
weil es des Friedens Fülle hat.
Den Frieden erkennen heißt ewig sein.
Die Ewigkeit erkennen heißt weise sein.
Das Leben mehren nennt man Glück.
Für sein Begehren seine Seelenkraft einsetzen,
nennt man stark.
Sind die Geschöpfe stark geworden, altern sie.
Denn das ist Wider-SINN.
Und Wider-SINN ist nahe dem Ende.

56.
VERBORGENES LEBEN

Der Erkennende redet nicht,
der Redende erkennt nicht.
(Er hält seinen Mund zu und schließt seine Pforten.
Er mildert ihre Schärfe,
er löst ihre Wirrsale,
er mäßigt ihren Glanz,
er vereinigt sich mit ihrem Staub.
Das ist geheime Vereinigung.)
Er ist unzugänglich für Annäherung.
Er ist unzugänglich für Entfremdung.
Er ist unzugänglich für Gewinn.
Er ist unzugänglich für Schaden.
Er ist unzugänglich für Ehre.
Er ist unzugänglich für Niedrigkeit.
Darum ist er der Vornehmste auf Erden.

57.

DER ECHTE EINFLUSS

Zur Leitung des Staates braucht man Regierungskunst,
zum Waffenhandwerk braucht man
außerordentliche Begabung.
Um aber die Welt zu gewinnen,
muß man frei sein von Geschäftigkeit.
Woher weiß ich, daß es also mit der Welt steht?
Je mehr es Dinge auf der Welt gibt, die man nicht tun darf,
desto mehr verarmt das Volk.
Je mehr die Menschen Mittel des Wohlstandes haben,
desto mehr kommt Reich und Haus in Verwirrung.
Je mehr die Leute Kunst und Schlauheit pflegen,
desto mehr erheben sich Wunderlichkeiten.
Je mehr die Gesetze und Befehle prangen,
desto mehr gibt es Diebe und Räuber.
Darum spricht ein Berufener:
Ich handle nicht, und das Volk wandelt sich von selbst.
Ich liebe die Stille, und das Volk wird von selber recht.
Ich habe keine Geschäfte,
und das Volk wird von selber reich.
Ich habe keine Begierden,
und das Volk wird von selber einfach.

58.
SCHMIEGSAME BEKEHRUNG

Ist man beim Herrschen zurückhaltend und zögernd,
so ist das Volk ehrlich und einfach.
Will man beim Herrschen alles untersuchen und aufspüren,
so zeigt das Volk nur Mängel und Fehler.
Das Leid ist es, von dem das Glück abhängt.
Das Glück ist es, auf das das Leiden lauert.
Wer erkennt aber, daß es das Höchste ist,
wenn nicht geordnet wird?
Denn sonst verkehrt die Ordnung sich in Wunderlichkeiten,
und das Gute verkehrt sich in Aberglaube.
Und die Tage der Verblendung des Volkes
    dauern wahrlich lange.
Also auch der Berufene:
Er ist Vorbild, ohne zu beschneiden,
er ist gewissenhaft, ohne zu verletzen,
er ist echt, ohne Willkürlichkeiten,
er ist licht, ohne zu blenden.

59.
BEWAHRUNG DES SINNS

Bei der Leitung der Menschen, beim Dienste des Himmels
gibt es nichts Besseres als die Beschränkung.
Denn nur die Beschränkung führt zu zeitigem Nachgeben.
Durch zeitiges Nachgeben sammelt man
    reiche Schätze des LEBENS.
Durch Sammeln von reichen Schätzen des LEBENS
    ist man jeder Lage gewachsen.
Ist man jeder Lage gewachsen,
    so kennt niemand unsere Grenzen.
Kennt niemand unsere Grenzen,
    so sind wir fähig, das Reich zu besitzen.
Wer über die erzeugenden Kräfte des Reiches verfügt,
der ist fähig, dauernd zu bestehen.
Das ist die tiefe Wurzel und der feste Grund,
der SINN ewigen Daseins und unendlichen Schauens.

60.

AUSÜBUNG DER HERRSCHAFT

Ein großes Reich muß man leiten
sachte, wie man kleine Fischlein brät.
Wenn man über dem Erdkreis waltet
    entsprechend dem SINN,
so gehen die Abgeschiedenen nicht als Geister um.
Nicht, daß die Abgeschiedenen keine Geisterkräfte hätten,
aber ihre geistigen Kräfte schaden den Menschen nicht.
Nicht nur daß ihre geistigen Kräfte
    den Menschen nicht schaden:
Auch der Berufene schadet ihnen nicht.
Wenn diese beiden nun sich nicht bekämpfen,
so vereinigen sich ihre LEBENSKRÄFTE in ihrer Wirkung.

61.

LEBEN DER DEMUT

Ein großes Reich muß sich unten halten,
so wird es der Vereinigungspunkt der Welt.
Es ist das Weibliche der Welt.
Das Weibliche siegt durch seine Stille über das Männliche.
Durch seine Stille hält es sich unten.
Darum: ein großes Reich wird dadurch, daß es
sich unten hält, die kleinen Reiche gewinnen.
Ein kleines Reich wird dadurch, daß es sich unten hält,
das große Reich gewinnen.
Das eine hält sich unten und gewinnt die Menschen,
das andere hält sich unten und
gewinnt dadurch die Menschen.
Wenn das große Reich nichts wünscht als die Menschen
zu einigen und zu nähren,
wenn das kleine Reich nichts wünscht als sich
anzuschließen und zu dienen:
so erhalten beide den Platz, den sie wünschen,
aber das große muß sich unten halten.

62.
VERWIRKLICHUNG DES SINNS

Der SINN ist aller Geschöpfe Hort,
der guten Menschen Schatz,
der nichtguten Menschen Zuflucht.
Mit hehren Worten ist man leicht geehrt.
Mit hehren Taten ist man leicht erhoben.
Aber die Nichtguten unter den Menschen:
Warum sollte man die wegwerfen?
Darum ist der Herrscher eingesetzt
und die Fürsten haben ihr Amt.
Ob man auch Zepter von Juwelen hätte,
um sie im feierlichen Viererzug zu übersenden,
nicht kommt das der Gabe gleich, wenn man diesen SINN
auf seinen Knien dem Herrscher darbringt.
Der Grund, warum die Alten diesen SINN so wert hielten,
war kein andrer, als daß man von ihm wirklich sagen kann:
Wer bittet, der empfängt.
Wer Sünden hat, dem werden sie vergeben.
Darum ist er der köstlichste Schatz in der Welt.

63.

DENKEN BEIM ANFANG

Wer das Nichthandeln übt,
sich mit Beschäftigungslosigkeit beschäftigt,
Geschmack findet an dem, was nicht schmeckt:
Der sieht das Große im Kleinen und das Viele im Wenigen.
Er vergilt Groll durch LEBEN.
Er plant das Schwere im Leichten.
Er tut das Große im Geringen.
Alle Schwierigkeiten auf Erden
 entstehen stets aus Leichtem.
Alles Große auf Erden entsteht stets aus Geringem.
 Also auch der Berufene:
Er denkt niemals an seine Größe,
darum kann er seine Größe vollenden.
Wer leichthin zusagt, findet stets wenig Glauben.
Wer vieles leicht nimmt, findet stets viele Schwierigkeiten.
 Also auch der Berufene:
Weil er die Schwierigkeiten bedenkt,
 darum findet er keine Schwierigkeiten.

64.

ACHTUNG AUFS GERINGE

Was noch in Ruhe ist, kann man leicht behandeln.
Was noch unentschieden ist, kann man leicht bedenken.
Was noch saftig ist, kann man leicht brechen.
Was noch winzig ist, kann man leicht zerstreuen.
Man muß wirken auf das, was noch nicht da ist.
Man muß ordnen, was noch nicht in Verwirrung ist.
Ein Baum von zwei Klafter Umfang
wächst aus einem haarfeinen Sprößling.
Ein Turm von neun Stockwerken entsteht
aus einem Erdhaufen.
Eine Reise von tausend Meilen beginnt
mit dem ersten Schritt.
Wer handelt, verdirbt es.
Wer festhält, verliert es.
Also auch der Berufene:
Er handelt nicht, so verdirbt er nichts.
Er hält nicht fest, so verliert er nichts.
Die Leute gehen an ihre Sachen:
Und immer wenn sie fast fertig sind,
so verderben sie es.
Das Ende ebenso in Acht nehmen wie den Anfang:
Dann gibt es keine verdorbenen Sachen.
Also auch der Berufene:
Er wünscht Wunschlosigkeit.
Er hält nicht wert schwer zu erlangende Güter.
Er lernt das Nichtlernen.
Er wendet sich zu dem zurück,
an dem die Menge vorübergeht.
Dadurch fördert er den natürlichen Lauf der Dinge.
Und wagt nicht zu handeln.

65.

REINES LEBEN

Die vor alters tüchtig waren in Ausübung des SINNES,
sahen nicht auf des Volkes Aufklärung,
sondern hielten es in der Einfalt.
Daß die Leute schwer zu leiten sind,
kommt von ihrer vielen Erkenntnis.
Darum, wer durch Erkenntnis ein Reich leitet,
ist des Reiches Räuber.
Wer nicht durch Erkenntnis ein Reich leitet,
ist des Reiches Segen.
Wer diese beiden Dinge weiß,
der hat ein Ideal.
Immer dies Ideal zu kennen, ist verborgenes LEBEN.
Verborgenes LEBEN ist tief, weitreichend,
anders als alle Dinge,
aber zuletzt bewirkt es das große Gelingen.

66.

SELBSTVERLEUGNUNG

Daß Ströme und Meere die Könige sind aller Täler,
das kommt davon, daß sie tüchtig sind im Untensein.
Darum sind sie die Könige aller Täler.
Also auch der Berufene:
Wenn er über seinen Leuten stehen will,
so stellt er sich in seinem Reden unter sie.
Wenn er seinen Leuten voran sein will,
so stellt er sich in seinem Ich hintan.
Also auch:
Er weilt in der Höhe, und die Leute werden
durch ihn nicht belastet.
Er weilt am ersten Platze, und die Leute werden
von ihm nicht verletzt.
Also auch:
Die ganze Welt ist willig, ihn voranzubringen,
und wird nicht unwillig.
Weil er nimt streitet,
kann niemand auf der Welt mit ihm streiten.

67.

DIE DREI SCHÄTZE

Alle Welt sagt, mein »SINN« sei zwar großartig,
aber er scheine für die Wirklichkeit nicht geschickt.
Aber gerade das ist ja seine Größe,
daß er für die Wirklichkeit nicht geschickt erscheint.
Denn die Geschicklichkeit führt
auf die Dauer zu Kleinlichkeit.
Ich habe drei Schätze,
die ich schätze und hüte:
Der eine ist die Liebe,
der zweite ist die Genügsamkeit,
der dritte ist die Demut.
Die Liebe macht, daß man mutig sein kann,
die Genügsamkeit macht, daß man weitherzig sein kann,
die Demut macht, daß man fähig wird zu herrschen.
Heutzutage ist man mutig unter Preisgabe der Liebe,
weitherzig unter Preisgabe der Genügsamkeit,
den andern voran unter Preisgabe der Demut:
das ist der Tod.
Denn die Liebe siegt im Kampfe,
ist fest in der Verteidigung.
Wen der Himmel retten will,
den schützt er durch die Liebe.

68.

GEMEINSAMKEIT MIT DEM HIMMEL

Wer tüchtig ist als Hauptmann, ist nicht kriegerisch.
Wer tüchtig ist als Kämpfer, ist nicht zornig.
Wer tüchtig ist, den Feind zu besiegen,
    der streitet nicht mit ihm.
Wer tüchtig ist im Verwenden der Menschen,
    der hält sich unten.
Das ist das LEBEN der Friedfertigkeit,
das ist die Fähigkeit, Menschen zu verwenden,
das ist die Gemeinsamkeit mit dem Himmel:
des Altertums höchstes Ziel.

69.

ENTFALTUNG DES GEHEIMNISSES

Beim Kriegshandwerk gibt es ein Sprichwort:
Besser ist es, den Gast zu spielen als den Herrn.
Besser ist es, einen Fußbreit zurückzuweichen,
als einen Zollbreit vorzugehen.
Das heißt vorankommen, ohne vorzurücken,
heißt zurückdrängen, ohne die Arme zu regen,
heißt werfen, ohne anzugreifen,
heißt festhalten, ohne die Waffen zu brauchen.
Es gibt kein größeres Übel als leichthin anzugreifen.
Wer leichthin angreift, verliert gar leicht meine Schätze.
Darum: wo zwei Armeen kämpfend aufeinandertreffen,
da siegt der, der es schweren Herzens tut.

70.
SCHWIERIGKEIT DES VERSTANDENWERDENS

Meine Worte sind ganz leicht zu verstehen
    und ganz leicht auszuführen,
und doch ist niemand auf Erden im Stand
    sie zu verstehen und auszuführen.
Diese Worte haben einen Vater.
Diese Taten haben einen Herrn.
Weil die nicht verstanden werden,
darum werde ich nicht verstanden.
Daß ich von wenigen nur verstanden werde,
ist ein Zeichen meines Werts.
Also auch der Berufene:
Er trägt sein Juwel in härenem Gewand.

71.

ERKENNTNIS DES LEIDENS

Wissen, daß man nichts weiß, ist das Höchste.
Nichtwissen für Wissen achten, ist Leiden.
Nur wer an seinem Leiden leidet,
wird frei von Leiden.
Der Berufene ist frei von Leiden.
Weil er an seinem Leiden leidet,
darum ist er frei von Leiden.

72.

SELBSTLIEBE

Wenn die Leute das Furchtbare nicht fürchten,
so naht das große Fürchterliche.
Laß nicht unwürdig werden ihre Wohnung.
Laß nicht verdrießlich werden ihr Los.
Dadurch eben, daß man nicht verdrießlich wird,
wird es nicht verdrießlich.
Also auch der Berufene:
Er erkennt sich selbst, aber er will nicht scheinen.
Er liebt sich selbst, aber er sucht nicht Ehre für sich.
Darum tut er ab das Feme und hält sich ans Nahe.

73.

NACHGIEBIGKEIT IM WIRKEN

Wer seinen Mut zeigt in Waghalsigkeiten, der kommt um.
Wer Mut zeigt, ohne waghalsig zu sein,
der bleibt am Leben.
Von diesen beiden hat die eine Art Gewinn,
die andre Schaden.
Wer aber weiß den Grund davon,
daß der Himmel einen haßt?
Also auch der Berufene:
Er sieht die Schwierigkeiten.
Des Himmels SINN streitet nicht
und versteht doch zu siegen.
Er redet nicht und versteht doch
die rechte Antwort zu bekommen.
Er winkt nicht, und es kommt ihm
alles von selbst entgegen.
Ruhig sitzt er da und versteht doch
die rechten Entschlüsse zu fassen.
Des Himmels Netz ist groß und weitmaschig,
aber es entgeht ihm nichts.

74.

EINSCHRÄNKUNG DES SELBSTBETRUGS

Wenn die Leute den Tod nicht fürchten,
wie will man sie da mit dem Tode schrecken?
Die Leute aber in beständiger Furcht vor dem Tode halten,
und wenn einer Wunderliches tut,
den sollte ich dann ergreifen und töten?
Wer getraut sich das?
Es gibt aber einen, der das Töten überwacht und tötet.
Wer nun statt dieses Einen, der das Töten überwacht, tötet,
der gleicht dem Mann, der statt des Zimmermanns
die Axt führt.
Wer statt des Zimmermanns die Axt führt,
der wird selten davonkommen,
ohne sich die Hand zu verletzen.

75.

DER SCHADEN DER GIER

Daß die Leute hungern,
ist, weil ihre Oberen zu viele Steuern fressen;
darum hungern sie.
Daß die Leute schwer zu leiten sind,
ist, weil ihre Oberen zu viel machen;
darum sind sie schwer zu leiten.
Daß die Leute den Tod zu leicht nehmen,
ist, weil sie des Lebens Überfluß erzeugen wollen;
darum nehmen sie den Tod zu leicht.
Wer aber nicht um des Lebens willen handelt,
der ist besser als der, dem das Leben teuer ist.

76.

WARNUNG VOR DER STÄRKE

Der Mensch ist weich und schwach,
wenn er geboren wird,
fest und stark, wenn er stirbt.
Kräuter und Bäume sind weich und saftig,
    wenn sie entstehen,
dürr und hart, wenn sie sterben.
Denn das Feste und Starke gehört dem Tode,
das Weiche und Schwache gehört dem Leben.
    Also auch:
Sind die Waffen stark, so siegt man nicht.
Ist ein Baum stark, so braucht er Stützen.
Das Starke und Große steht unten.
Das Weiche und Schwache steht oben.

77.

DES HIMMELS SINN

Des Himmels SINN, wie gleicht er dem Bogenspannen!
Das Hohe drückt er nieder,
das Niedrige macht er hoch.
Was Fülle hat, verringert er,
was Mangel hat, das ergänzt er.
Des Himmels SINN ist es,
die Fülle zu verringern, den Mangel zu ergänzen.
Des Menschen Sinn ist nicht also.
Er verringert, was Mangel hat,
um es darzubringen dem, das Fülle hat.
Wer aber ist imstande, seine Fülle der Welt darzubringen?
Nur der, so den SINN hat.
Also auch der Berufene:
Er wirkt und behält nicht.
Ist das Werk vollbracht, so verharrt er nicht dabei.
Er wünscht nicht, seine Bedeutung vor andern zu zeigen.

78.

WAS MAN DEM GLAUBEN ÜBERLASSEN MUSS

Auf der ganzen Welt gibt es
nichts Weicheres als das Wasser.
Und doch in der Art, wie es dem Harten zusetzt,
kommt nichts ihm gleich.
Es kann durch nichts verändert werden.
Daß Schwaches das Starke besiegt
und Weiches das Harte besiegt,
weiß jedermann auf Erden,
aber niemand vermag danach zu handeln.
Also auch hat ein Berufener gesagt:
»Wer den Schmutz des Reiches auf sich nimmt,
der ist der Herr bei Erdopfern.
Wer das Unglück des Reiches auf sich nimmt,
der ist der König der Welt.«
Wahre Worte sind wie umgekehrt.

79.

FESTHALTEN AN DER VERPFLICHTUNG

Wenn bei der Versöhnung großen Grolls
doch noch Groll übrigbleibt:
Wie kann man das für gut halten?
Also auch der Berufene:
Er nimmt die schwere Verpflichtung auf sich
und lädt sie nicht den andern auf.
Der das LEBEN hat, hält sich an seine Verpflichtung.
Wer nicht das LEBEN hat, hält sich an die Forderung.
Des Himmels SINN kennt kein Ansehen der Person.
Er spendet immer den Tüchtigen.

80.

SELBSTÄNDIGKEIT

Mag das Land klein sein und wenig Leute haben.
Laß es zehnerlei oder hunderterlei Geräte haben,
ohne sie zu gebrauchen.
Laß die Leute den Tod wichtig nehmen
und nicht in die Ferne schweifen.
Ob auch Schiffe und Wagen vorhanden wären,
sei niemand, der darin fahre.
Ob auch Wehr und Waffen da wären,
sei niemand, der sie entfalte.
Laß die Leute wieder Knoten aus Stricken knüpfen
und sie gebrauchen statt der Schrift.
Mach' süß ihre Speise
und schön ihre Kleidung,
friedlich ihre Wohnung
und fröhlich ihre Sitten.
Nachbarländer mögen in Sehweite liegen,
daß man den Ruf der Hähne und Hunde
    gegenseitig hören kann:
Und doch sollten die Leute im höchsten Alter sterben,
ohne hin und her gereist zu sein.

81.
ENTFALTUNG DES WESENTLICHEN

Wahre Worte sind nicht schön,
schöne Worte sind nicht wahr.
Tüchtigkeit überredet nicht,
Überredung ist nicht tüchtig.
Der Weise ist nicht gelehrt,
der Gelehrte ist nicht weise.
Der Berufene häuft keinen Besitz auf.
Je mehr er für andere tut,
desto mehr besitzt er.
Je mehr er anderen gibt,
desto mehr hat er.
Des Himmels SINN ist segnen ohne zu schaden.
Des Berufenen SINN ist wirken ohne zu streiten.

Erklärungen

von Richard Wilhelm (1923)

Erster Teil

1.

Dieser Abschnitt bildet gewissermaßen die theoretische Grundlage des ganzen Werks. Er beginnt mit einer Abgrenzung gegen die übliche reinpraktische Anwendung der Begriffe SINN und Name. »Sinn« (bzw. »Weg«; vgl. Einleitung) war in den Zeiten der niedergehenden Dschoudynastie häufig als die Summe der von den alten Königen überlieferten Lehren zur Leitung des Volks verstanden worden. Dieser »Sinn« in seiner historischen Begrenztheit ist nicht das, was Laotse im Auge hat. Sein Begriff (»Name«) ist überzeitlich, daher nicht anwendbar auf irgend etwas empirisch Vorhandenes. Damit verläßt Laotse den Boden des historisch Überlieferten und wendet sich der Spekulation zu.

Hier findet er das Sein in seiner zweifachen Form als absolutes An- und Für-sich-sein (»jenseits des Nennbaren«) und als Dasein (»diesseits des Nennbaren«). Im absoluten Sein in seiner negativen Form ist die Existenzmöglichkeit der Welt (der geistigen = Himmel und der materiellen = Erde) gesetzt, während innerhalb des Daseins die stetige Neugeburt der Einzelwesen sich vollzieht. Dem entsprechend gestaltet sich die Erkenntnis: die Richtung auf das Absolute führt zur Erkenntnis des Jenseitigen (des »Denkens«), die Richtung auf das Dasein führt zur Erkenntnis der räumlichen, ausgebreiteten Welt der Individuation. Diese beiden (»Denken und Sein« würde Spinoza sagen) sind aber nur Attribute des Alleinen, identisch im Wesen und nur verschieden in der Erscheinung. Zur Erklärung dieser Einheit spielt Laotse auf die symbolische Figur des Tai Gi (Uranfang) an, die im alten chinesischen Gedankenleben eine Rolle spielt und namentlich später zu unendlichen Spielereien verwendet wurde, nämlich die bildliche Darstellung des Ineinanderseins von Positivem und Negativem:

wobei die weiße Kreishälfte, die in sich wieder einen schwarzen Kreis mit weißem Punkt hat, das positive, männliche, lichte Prinzip bedeutet, während die entsprechend gestaltete schwarze Hälfte das negative, weibliche, dunkle Prinzip versinnbildlicht. Diese symbolische Figur ist wohl gemeint mit dem großen Geheimnis der Einheit des Seienden und Nichtseienden (= μη ὄν, wie immer bei Laotse, wenn vom »Nichtseienden« die Rede ist). Des Geheimnisses noch tieferes Geheimnis wäre dann das sogenannte Wu Gi (der »Nichtanfang«, noch jenseits des Tai Gi). in dem alle Unterschiede noch ungetrennt durcheinander sind und das durch einen einfachen Kreis dargestellt zu werden pflegt:

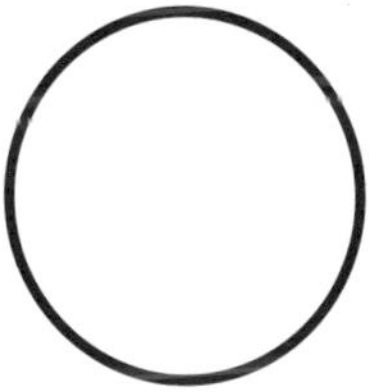

Es ist sozusagen die bloße Möglichkeit des Seins, gewissermaßen das Chaos. Vgl. hierzu Abschnitt 25. Zum »Tor des SINNS« vgl. Kung, Gespräche VI, 15 (pag. 55).

2.

Die Erkenntnis des Guten und Bösen ist hier ganz ähnlich wie in Genesis 3 als Anfang des Übels bezeichnet, bei Laotse noch mit der Verallgemeinerung, daß innerhalb der Welt der Erscheinung, da alle Gegensätze sich gegenseitig bedingen, mit der Setzung des Einen sein kontradiktorisches Gegenteil notwendig mit gesetzt ist. Das »Jenseits von Gut und Böse«, das Laotse fordert, ist also von dem Nietzsches sehr wesentlich verschieden.

Interessant ist die Bemerkung des Komm. II, nach der das »Gute« der »Gipfel des Schönen« ist, nichts qualitativ davon Verschiedenes. Es entspricht das durchaus der Terminologie des ganzen Werkes. »Gut« kann meist mit »tüchtig« übersetzt werden. Es ist nichts anderes als das auf das Handeln übertragene Ideal der Wahrheit und Schönheit. Darin berührt sich der alte chinesische Denker mit modernsten Dispositionen der höchsten Ideen.

Mit dem stereotypen Satz: »Also auch der Berufene« pflegt meist die praktische Anwendung einer theoretischen Ausführung gegeben zu werden. Der »Berufene« ist der Mensch in Übereinstimmung mit dem SINN, der »Heilige«, der »Prophet«, der als solcher zugleich zur Herrschaft der Welt berufen ist. Nach chinesischen Quellen würde es sich jedesmal, wo diese Formel vorkommt, um ein Zitat aus einem verlorenen Werk »Fen diën« handeln.

Die Lehre des »Wirkens ohne Handeln«, die das ganze Buch durchzieht, ist hier zum erstenmal ausgesprochen. Der Gedanke ist dem Tolstoischen »Nichtstun«

durchaus analog. Es ist das Wirkenlassen der schöpferischen Kräfte im und durch das eigne Ich, ohne selbst etwas von außen her dazu tun zu wollen. Dieser Zug ist zwar im Chinesentum als Ideal mit enthalten; auch Kung erwähnt ihn als das höchste, vgl. Gespräche Buch XV,4 (pag. 170).
Dennoch ist er in dieser konsequenten Durchführung nur bei den »Mystikern« zu finden. In diesem Sinne aber geht er durch alle Zeiten. Vgl. die Stellung Goethes und Spinozas in dieser Hinsicht (Ch. Schrempf, Goethes Lebensanschauung I, pag. 179 ff.). Zeile 5–10, die sich im Urtext reimen, sind vermutlich Zitat aus einer Spruchsammlung älterer Zeit.

3.
Zeile 8 f. Das Herz ist Sitz des Begehrens nach äußeren, fremden Dingen. In der chinesischen Aufzählung der 5 Sinne steht »Herz« für Tastsinn, »Gefühl«. Ist das Herz leer, so ist der Mensch nicht durch die Bande der Sehnsucht mit Äußerem verknüpft. Der Leib, die Knochen sind bildliche Ausdrücke für die natürliche Basis des menschlichen Daseins. Deren Bedürfnisse müssen befriedigt werden, damit nicht das Begehren durch Nichtbefriedigung geweckt wird, das sich dann naturgemäß auch auf anderes ausdehnt. »Erkenntnis« im Sinn von äußerem Wissen ist ebenfalls vom Übel; vgl. No. 2.

4.

Der Abschnitt bereitet sehr große Schwierigkeiten. Es ist sicher anzunehmen, daß der Text verdorben ist. Die drei ersten Zeilen lassen sich entweder auf den SINN beziehen. Der SINN ist transzendent, und durch seine Immanenz wird er nicht restlos zur Darstellung gebracht. Dieser transzendent bleibende Rest gibt ihm allen Einzeldingen gegenüber die unendliche Überlegenheit.

Oder aber beziehen sich Zeile 2 und 3 auf den Menschen, der in voller Bedeutung den SINN verkörpert: das Ideal des Menschen überhaupt, das als solches wohl in der Idee vorhanden ist (vgl. Zeile 8), aber nicht mit irgendeiner Einzelerscheinung, selbst der allerhöchsten Art, zusammenfällt. Das Wort »Di«, von Strauß mit der HERR wiedergegeben, bedeutet einerseits die göttlichen Herrscher des höchsten Altertums, andrerseits den als Herrn des Himmels hypostasierten Herrscher, den »Ahn« der jeweiligen Dynastie und höchsten Gott.

Zeile 4–7 finden sich ebenfalls in No. 56.

Zu der überaus schweren Stelle: »Und doch weiß ich nicht, wes Sohn er ist«, nach anderer Lesart gar »wes Menschen Sohn er ist«, vgl. No. 2, wo es heißt: »Ich weiß seinen Namen nicht«.

5.

»Liebe« oder »Sittlichkeit«, der höchste Begriff des Konfuzianismus, wird als unvollkommen abgelehnt, da sie über persönliches Interesse nicht hinauskommt. Das Charakteristische an dem Bild der strohernenOpferhunde ist, daß alle Wesen entsprechend dem Zweck ihrer Gattung aufs beste ausgestattet sind, während von einem »Ansehen der Person« nicht die Rede sein kann.

Der Raum zwischen Himmel und Erde als Ort der Erzeugung des Lebens ist ein Gedanke, der mit der biblischen »Feste« (Gen. I) Berührung hat. Vgl. den folgenden Abschnitt. Ein chinesischer Blasebalg ist ein festes Gestell, das durch einen im Innern hin- und hergehenden Schieber in Tätigkeit gesetzt wird, ohne seine Gestalt zu ändern.

Die beiden letzten Zeilen deuten an, daß die Intuition, die dem Bild zugrunde liegt, nicht restlos begrifflich ausgedrückt werden kann.

6.

Der Abschnitt ist in Liё Dsï zitiert als aus dem Buche des »Gelben Kaisers« stammend.

Die »Tiefe«, wörtlich das« Tal«, ist ein Ausdruck, der mehrfach vorkommt; vgl. bes. No. 28, 39. Der Kern der Bedeutung ist der leere Raum zwischen den Bergwänden, nicht das, was wir unter Tal zu denken pflegen. In der übertragenen Bedeutung wie hier und in No. 39 kann man es fast gleichsetzen mit »Materie« als der noch ungestalteten, unsichtbaren, bloßen Möglichkeit zum Sein. »Geist« ist dann das Aktive, Gestaltende. Komm. II bemerkt dazu: »Tiefe heißt es, weil es kein Dasein hat, Geist heißt es, weil es darum doch nicht *nicht* ist.« Man könnte beinahe übersetzen: »Geist und Materie in ihrer Einheit sind ewig.«

Es ist zu der Stelle übrigens zu bedenken, daß die Geister (Schen) im alten China sehr häufig bei Bergen lokalisiert sind (cfr. Schan-Hai-Ging). Der Brauch, die Opferspenden zu vergraben, läßt auf chthonischen Kult schließen. Heranzuziehen sind hier die grundlegenden Untersuchungen von Chavannes (Le dieu du sol dans l'ancienne religion chinoise). Nach ihm hat im 7. Jahrhundert die Vereinigung der Gottheiten des Bodens (Schê) und der Ernte (Dsi) zu der weiblich gedachten Erdgottheit (Di) stattgefunden. In der vorliegenden Stelle leuchtet diese Herkunft des Begriffs noch deutlich durch. Nur scheint der Umstand, daß der Begriff hier schon philosophisch vertieft ist, auf einen weiteren Abstand von jenen ursprünglichen Anschauungen hinzudeuten. Vgl. übrigens die Aufregung Kungs in Betreff gewisser alter Bräuche, die mit dem Dienst der

chthonischen Götter verbunden waren. Gespräche, Buch III, 21 (pag. 27).
Der »Ausgang« des Ewig-Weiblichen ist analog zu verstehen wie in Abschnitt 1. Zu der Anschauung von Zeile 5 ist das heraklitisch **πάντα ῥεῖ** als Parallele heranzuziehen. Auch Kung hat einmal einen in ähnliche Richtung weisenden Ausspruch getan (vgl. Gespräche IX, 16, pag. 92).

7.
Zu der praktischen Anwendung am Schluß vgl. Matth. 23, 12: Wer sich selbst erhöhet…; 10, 39: Wer sein Leben findet…

8.
Das Wasser wird als Bild des SINNES, dessen Macht darin besteht, daß er unten weilt (an Orten, die alle Menschen verachten), im ganzen Werke häufig gebraucht.
Es ist charakteristisch, wie auch im Buch des Wandels das Zeichen »Wasser« als »Gewöhnung an die Tiefe« gedeutet wird.
Zu Zeile 5 vgl. Kungfutse, Gespräche Buch IV, 1 (pag. 30). Diese sowie die folgenden Zeilen sind vermutlich Zitat aus einer vorhandenen Spruchsammlung. Erst die

letzte Zeile gehört wieder in den unmittelbaren Zusammenhang.
Die vorletzte Zeile bezieht sich möglicherweise auf die Verwendung der Untertanen zu öffentlichen Arbeiten mit Rücksicht auf die geeignete Zeit, ein Grundsatz, der im chinesischen Altertum sich durchgängig findet. Vgl. Kungfutse, Gespräche Buch I, 5 (pag. 2).

9.
Zeile 1: Bild einer Schale mit Wasser, die man nicht überfüllen darf, ohne daß es überläuft.
Das nächste Bild bezieht sich auf eine Messerschneide. Der Sinn ist der des Sprichworts: Allzu scharf macht schartig. In der letzten Zeile setzen manche Texte: Ist das Werk vollbracht »und folgt der Ruhm«, ein Zusatz, der mit der sonstigen Anschauung unseres Werkes nicht stimmt und auch den Rhythmus unterbricht. Es ist wohl eine Korruption aus No. 47, wo es heißt: »Die Werke werden vollbracht, und die Arbeit wird getan« (wörtlich »folgt«), die hierher übertragen ist.

10.
Der Anfang gibt in seiner jetzigen Gestalt keinen eindeutigen Sinn. Man muß sich wohl mit einer Korruption des Textes zufriedengeben. Der allgemeine

Sinn dürfte wohl der sein: Einheitlichkeit des Strebens gibt ungeteiltes Leben, das als solches auch dem Tod widerstehen kann. Vgl. No. 22 und 39 über die Wirkung der Einheit.

Zum Bild des Kindleins, das häufig wiederkehrt, vgl. Matth. 18, 3 f.

Zeile 9. Wohl im Anschluß an No. 1 und 6 zu verstehen. Das Wort, das mit »rein empfangend« übersetzt ist, bedeutet ursprünglich das Weibchen eines Vogels. Es ist höchst wahrscheinlich, daß hier auf einen dunkeln Schöpfungsmythus angespielt ist. Vgl. auch die Auffassung des Heiligen Geistes als einer Taube in der christlichen Terminologie und die Vorstellung des über der Tiefe brütenden Geistes in Gen. I. Spätere Kommentatoren sehen in den Toren des Himmels die Körperöffnungen.

Zeile 11. Gegensatz der inneren Intuition und des diskursiven Wissens, der bei Laotse sich durchgehends findet und ihm von der konfuzianischen Schule verübelt wurde, obwohl auch Kung das angeborene, intuitive Wissen als das höchste ansieht. Vgl. Gespräche Buch XVI, 9 (pag. 187).

Die Schlußzeilen bilden einen formulierten Zusammenhang, der auch in No. 51 wiederkehrt. Wohl ebenfalls Traditionsgut.

11.
In Gleichnissen sucht der Verfasser hier einer Wahrheit zum Ausdruck zu verhelfen, deren direkte Aussprache ihm durch den Mangel an Ausdrucksfähigkeit der Sprache, die ihm zu Gebote stand, unmöglich wurde. Man merkt es auch sonst seinen Äußerungen an, daß er mehr gedacht hat, als er in Worte zu pressen vermochte (vgl. No. 5 und No. 25), eine Schwierigkeit übrigens, die schließlich jedem Versuch, originale Gedanken mit den fertigen Mitteln der Sprache auszudrücken, anhaftet.
Das »Nichtsein«, von dem hier die Rede ist, ist die Qualität im Unterschied zur Quantität. Gerade die Qualität ist es, die der bloßen Masse den Wert verleiht.

12.
Die Farben, wörtlich die »5 Farben«, nämlich blau (bzw. grün), rot, gelb, weiß und schwarz. Die Töne, wörtlich die »5 Töne«, nämlich e, d, e, g, a (die chinesische Tonleiter hat keine Quarte und keine Septime). Die Würzen, wörtlich die »5 Geschmacksarten«, nämlich bitter, salzig, süß, sauer, beißend. Der Sinn der Nutzanwendung ist Betonung der Pflege des selbständigen Inneren unter Vermeidung der Preisgabe an die Lust nach den äußeren Dingen der Sinnenwelt. Ähn-

lich wie in No. 3. Vgl. auch: »Was hülfe es dem Menschen, so er die ganze Welt gewänne und nähme doch Schaden an seiner Seele.«
Der Schlußsatz ist wieder eine stereotype Wendung; vgl. No. 72.

13.
Dieser Abschnitt ist textlich ziemlich schlimm mitgenommen. Hinter Zeile 2 ist offenbar ein Stück eines alten Kommentars mit in den Text hineingeraten. Wir haben seine Auffassung für die Übersetzung der beiden ersten Zeilen verwandt. Dem Wortlaut nach steht statt »durch« eigentlich »wie«, was aber keinen befriedigenden Sinn gibt. Der Schlußsatz ist in doppelter Version wiederholt.

14.
Die drei Namen des SINNS: »Gleich«, »Fein«, »Verborgen« bezeichnen seine Übersinnlichkeit. Die Versuche, aus den chinesischen Lauten I, Hi, We den hebräischen Gottesnamen herauszulesen, dürfen wohl als endgültig erledigt angesehen werden. (Victor von Strauß glaubte bekanntlich noch daran; vgl. seine Übersetzung.)

Daß die hier gezeichnete Anschauung des SINNS (der Gottheit) manche Parallelen in der israelitischen hat, sei nicht geleugnet; vgl. bes. die Stellen II. Mos. 33 und I. Kön. 19 zu unserem Abschnitt. Doch sind derartige Übereinstimmungen auch ohne direkte Berührung verständlich genug. Diese Anschauung von der Gottheit bezeichnet einfach eine bestimmte Entwicklungsstufe des menschlichen Bewußtseins in seiner Erkenntnis des Göttlichen. Zudem darf der fundamentale Unterschied zwischen der unpersönlich-pantheistischen Konzeption Laotses und der scharf umrissenen historischen Persönlichkeit des israelitischen Gottes nicht außer acht gelassen werden.
Die letzten Zeilen beziehen sich auf die Übergeschichtlichkeit dieser Wahrheit. In dieser Wahrheit ist Vergangenheit und Gegenwart eins. Das Historische, das bei Kung eine so wichtige Rolle spielte, fällt für Laotse notwendig als bedeutungslos in nichts zusammen. Er verwendet zwar die Wahrheitserkenntnisse des Altertums wiederholt (vgl. die mannigfachen Zitate), aber nur insofern sie in seiner Richtung liegen. Er steht neben ihnen, nicht auf ihnen (vgl. den folgenden Abschnitt).

15.
Möglich, daß die letzten Zeilen des vorigen Abschnitts in nähere Verbindung mit dem vorliegenden gehören. Die Schilderung der alten Meister der »Mystik« kann ebenso auf Laotse selbst wie überhaupt auf jeden Mystiker angewandt werden. Es gehört zum Wesen des Mystikers, daß er nach außen hin verborgen ist, da er ja das äußere Leben nicht mehr als etwas von wesentlich ernsthaftem Charakter zu betrachten fähig ist, daher er dann schwer zu »fassen« ist. Die ironische, oft stark sarkastische Art solcher Mystiker ist auch aus dem Leben des Kung bekannt. Vgl. Gespräche Buch XVIII, 5, 6, 7, 8 (pag. 203–205). Kung war solchen Leuten gegenüber immer besonders wehrlos. Die Übersetzung der letzten 7 Zeilen ist nach dem Text des Komm. II gegeben, der weniger Schwierigkeiten bietet als andere Variationen. Nach dem Text von Wang Bi wäre zu übersetzen: »Wer kann das Trübe dadurch, daß man es still macht, klären? Wer kann das Ruhige dadurch, daß man es lange bewegt, erzeugen?« Die Frageform gibt in dieser Zusammenfassung keinen Sinn.
Bei den letzten Zeilen ist wieder ein Gedankenzusammenhang mit dem folgenden Abschnitt zu konstatieren. Die letzte Zeile ist übersetzt nach dem Kommentar von

Wang Fu Dschï, der trennt: »Gering bleiben, nicht neu werden, vollenden«. Andere verbinden: »Er kann gering bleiben und neuem Werden entgehen.« Es ist nicht anzunehmen, daß in dem »neuen Werden« der Gedanke der Metempsychose angedeutet ist. Vielmehr scheint der Gedanke einfach in der Richtung der verborgenen Zurückgezogenheit zu liegen. Die Fülle, die der Bewahrer des SINNS nicht wünscht, ist ähnlich zu verstehen wie in No. 4, daß nämlich das Leben mit dem, was es zu bieten vermag, ihn nicht restlos ausfüllen kann. Darin liegt die Überzeitlichkeit, die in der Wertung der Lebensgüter den rechten Maßstab findet.

16.

Zeile 10 und 11 unterbrechen einigermaßen den Zusammenhang der Stufenleiter. Sie sind wohl anderswoher interpoliert, um das sonst als minderwertig angesehene Wort »Erkenntnis« (vgl. No. 3) zu rechtfertigen bzw. durch »Weisheit« zu ersetzen.

Zeile 10 findet sich in No. 55 wohl in besserem Zusammenhang. Der Schlußsatz, der hier auch etwas nachhinkt, findet sich in No. 52. Zur Stufenleiter selbst bemerkt der Komm. II: Erkenntnis der Ewigkeit macht das Herz leer, so daß Platz darin wird, um die Wesen aufzunehmen (vgl. No. 49). Nimmt man so die Wesen in sich auf, so verschwinden parteiische Zu- und Abneigungen. Damit ist die Verfassung gegeben, die zum Herrscher tauglich macht. Auf der höchsten Stufe kommt dieses Wesen dem Himmel gleich, der selbst wiederum im SINN sein Vorbild hat (vgl. dazu No. 21 und 25).

17.

Die Stufenfolge der Fürsten ist sehr bezeichnend. Der Ausdruck: »Vertraut man nicht genug« steht ebenfalls in No. 23. Zum 2. Teil vergleiche das hübsche Volkslied, das unter dem Kaiser Yao gesungen worden sein soll:

> Die Sonne geht auf, und ich gehe an die Arbeit;
> Die Sonne geht unter, und ich gehe zur Ruhe;
> Ich grabe einen Brunnen und trinke;
> Ich pflüge ein Feld und esse;
> Der Kaiser – was gibt mir der?

(Das alles verdanke ich nicht dem Kaiser, sondern meiner eignen Arbeit.)

18.

Paradoxe Beispiele für den theoretischen Satz No. 2, Zeile 1 ff., und für No. 38, zweite Hälfte. Der Sinn des Abschnitts ist, daß, solange alles in Ordnung ist, die genannten Tugenden so allgemein und selbstverständlich sind, daß sie sich nicht hervorheben. Eine hübsche Illustration zur Sache ist die kleine Geschichte, daß einst ein Buch über die berühmten 24 Beispiele kindlicher Pietät von einem Chinesen an einen Japaner übergeben worden sei. Der habe sich sehr verwundert darüber geäußert, daß in China Pietät etwas so Außerordentliches sei, daß man in der ganzen Geschichte nur 24 Beispiele davon finden könne. In Japan sei umgekehrt die Pietät so selbstverständliche Regel, daß man nicht darüber spreche und höchstens 24 Beispiele von Pietätlosigkeit sich in der japanischen Geschichte finden ließen. Zeile 3: Die Blutsverwandten: wörtlich die 6 Verwandtschaftsgrade, nämlich Vater, Mutter, älterer Bruder, jüngerer Bruder, Frau, Kinder.

19.

Rückkehr zur Natur und Verlassen des Weges der Kultur: dann werden sich alle Verhältnisse von selber wieder regeln. Auch hier ein Gegensatz zu der Richtung, die in Kung ihren Hauptvertreter fand. Spätere Konfuzianer, besonders Han Jü, haben gerade diese paradoxen Aussprüche benutzt, um den Laotse aufs leidenschaftlichste als Finsterling zu bekämpfen. Die ersten Zeilen des nächsten Abschnitts sind eventuell hier mit anzuschließen.

20.
Der Abschnitt wird vielfach mißverstanden, indem man die Analogie von Zeile 2 und 3 übersieht und übersetzt: »Zwischen Ja und Jawohl (der bestimmten, männlichen und der zögernden, weiblichen Bejahung) ist zwar kein wesentlicher Unterschied. Wie groß dagegen ist der Unterschied zwischen Gut und Böse!« Unsere Auffassung wird übrigens durch No. 2 gedeckt. Man versperrt sich auch den Weg zum Verständnis der folgenden tragischen Klagen des vereinsamten Individualisten inmitten der »ungebrochenen«, daseinsfreudigen Menschenwelt, wenn man die bittere Ironie von Zeile 4 als platte Ermahnung faßt. Die Klagen über Vereinsamung dessen, der »unter Larven die einzige fühlende Brust« ist, sind religionsgeschichtlich überaus interessant als die Kehrseite des religiösen Individualismus, wie sie ganz ähnlich der Prophet Jeremia zum Ausdruck bringt (vgl. Jer. 20, 8 ff.). Es handelt sich hier um eine typische Erscheinung, die mit der Erlangung einer prinzipiell höheren Entwicklungsstufe stets notwendig verknüpft ist. Besonders interessant, weil in China die soziale Psyche den Sieg errungen hat über die individuelle.
»Einöde, habe ich noch nicht deine Mitte erreicht?« Wir folgen hier der überwiegenden Tradition. Andre

wollen erklären: »Des Weisen Erkenntnis ist unbegrenzt und unermeßlich.«

»Ich bin allein unschlüssig, weil mir noch kein Zeichen geworden.« Das »Zeichen« ist das Orakel, das vor jeder wichtigen Unternehmung befragt wird (im Altertum durch Schildkrötenschalen, die angebrannt werden und aus deren Rissen man die Antwort liest) und das gesprochen haben muß, ehe man etwas unternehmen kann. Hier wohl weiter zu fassen. Vgl. die Klagen Kungs, daß ihm kein Zeichen zuteil werde (Gespräche Buch IX, 8, pag. 89).

»Unruhig, ach, als das Meer«; wir folgen hier dem Text Wang Bi's. Die andere Lesart ist »unruhig wie umdüstert«.

Zur letzten Zeile sei die Lesart erwähnt: »denn ich halte es wert, von der Mutter zu essen«.

21.

Im vorliegenden Abschnitt ist die absteigende Linie vom SINN zur Wirklichkeit gezeichnet, entsprechend der aufsteigenden Reihe in No. 16. Vgl. außerdem No. 25. Aus dem SINN geht zunächst das LEBEN (hier das große, tiefe genannt) hervor. Die Entstehung des Daseins geht durch die Stufen der Idee, des (geistigen) Seins, des Samens, der Wirklichkeit.

Der abschließende Abschnitt wird auch anders gedeutet (Komm. II): »Von alters her bis heute ist sein Name nicht zu entbehren, da aus ihm alle Anfänge hervorgehen.« Die Herkunft aller Dinge aus dem SINN ermöglicht ihr Verständnis vermöge des SINNS, d. h. weil das Dasein immanente Logik hat, kann es logisch erfaßt werden. (Die Schlußbemerkung findet sich auch No. 54).

22.
Zu Beginn wieder ein gereimtes Spruchzitat, das am Schluß ausdrücklich als Ausspruch der Alten bezeichnet ist. Vgl. dazu No. 77 und Jes. 40, 4. Zeile 1: Bild vom Mond, der erst unvollkommen ist und dann voll wird. Zeile 2: Bild von einer Raupe oder einem Seil, den Wechsel des Anziehens, das auf das Nachlassen folgt, andeutend. Zeile 3 wird auf eine Bodenvertiefung gedeutet, die sich mit Wasser füllt (vgl. Mencius IV, 2, 18). Zeile 4: Bild von den sich erneuernden Blättern eines Baumes. Die Anwendung ist der positive Ausdruck dessen, was in No. 24 negativ ausgedrückt ist.
Die beiden Zeilen: »Er umfaßt das Eine usw.« finden sich ähnlich in No. 39.

23.
Die zweite Hälfte bietet große Schwierigkeiten. Auch ist der Text in den verschiedenen Ausgaben verschieden, was den dringenden Verdacht der Korruption nahelegt.
Besondere Differenzen herrschen über die Auffassung des Worts, das im Text mit »Armut« wiedergegeben ist und wörtlich »verlieren« heißt. Nicht minder schwierig ist der Ausdruck, der im Text mit »freudig entgegenkommen« übersetzt ist und wörtlich »sich freuen zu bekommen« heißt. Der Komm. II sowie St. Julien lassen das »sich freuen« aus, wodurch der Text flüssiger wird; es ist aber fraglich, ob nicht eine nachträgliche Erleichterung vorliegt. Wang Bi faßt den »Verlust« in dem Sinne auf, den wir im Text gegeben. Er sagt: »Der Berufene kann alles aushalten und sich mit allem identifizieren – also auch mit dem Verlieren, der Armut.« Andere, z.B. Strauß, fassen den »Verlust« gleich »Verderbnis«. Dann bekommt man die unmögliche Auffassung: »Wer durch Nachfolge Taos zur Wesenseinheit mit ihm kommt, der wird auch von Tao mit Freuden aufgenommen und angeeignet. Tao bewegt sich ihm entgegen, fördert und vollendet sein Streben und freut sich, ihn zu erhalten. Ähnlich die Tugend (von uns mit LEBEN wiedergegeben), die (und so auch

die Verderbnis) hier entweder rhetorisch personifiziert wird oder auch durch diejenigen, welche sich mit ihr bereits identifiziert haben, vertreten gedacht werden mag. Die Verderbnis aber freut's, den, der mit ihr sich einiget, zu verderben.« (Hier liegt abermals eine Textvariante zugrunde.) Strauß a.a.O. pag. 123. Dazu ist zu sagen, daß diese Personifikationen der ganzen pantheistischen Stimmung Laotses nach und beim 2. und 3. Glied auch dem chinesischen Sprachgefühl nach unmöglich sind. Auf der andern Seite steht die Carus'sche Auffassung (a.a.O. pag. 109): »When identified with Reason, he forsooth joyfully embraces Reason, when identified with virtue, he forsooth joyfully embraces virtue; and when identified with loss, he forsooth joy fully embraces loss.« Auch diese Auffassung ist grammatisch möglich.

St. Julien übersetzt: »Celui qui s'identifie au Tao, gagne le Tao« usw. Der Komm. II sieht darin den Satz der Vergeltung ausgedrückt, daß jeder erhält, was seine Taten wert sind.

Alles in allem wird man die Stelle als hoffnungslos aufgeben müssen.

Die letzte Zeile findet sich im Zusammenhang von No. 17.

24.
Vgl. dazu No. 22.
Am Schluß wird statt »Eiterbeule« auch übersetzt »Lästiges Gebaren«.
Der Sinn wäre hiernach: Der sich selbst hervortut, verdirbt das Verdienst, das er hat, in den Augen der Mitwelt (die »Geschöpfe« = Götter und Menschen) durch seine Anmaßung selbst und macht sich lästig dadurch.
Vgl. das neutestamentliche: »Sie haben ihren Lohn dahin.«

25.
Der Anfang ist von uns auf Grund einer Konjektur wiedergegeben. Statt yu wu »Seiendes Ding« lesen wir yu wu »Sein und Nichtsein« (unter Heranziehung von No. 1). Der »SINN« kann unmöglich als ein »Ding« bezeichnet werden. Höchstens ginge es an, zu übersetzen: »Die existierenden Dinge waren noch ungetrennt durcheinander.«
Der Ausdruck, den wir mit »Menschenkönig« wiedergegeben haben, heißt eigentlich nur »König«. Gemeint ist der höchste Herrscher auf Erden, der Repräsentant der Menschheit und Hüter der moralischen Ordnung auf Erden. Bei der Wiederholung ist es darum von Laotse einfach durch »Mensch« ersetzt. Zu der üblichen Trias:

Himmel, Erde, Mensch kommt hier als Viertes, das sie alle umfaßt, der SINN. Zu der Stufenleiter vgl. No. 16.

26.

Das »schwere Gepäck« muß man beim Reisen in China immer bei sich haben, da man in der Herberge nichts vorfindet. Schon mancher Europäer, der in China reiste, hat in seiner Eile voranzukommen die hier ausgesprochene Wahrheit bitter empfunden, wenn er abends in der leeren Herberge ankam und sein Bettzeug usw. noch meilenweit dahinten war. Das Bild ist daher überaus plastisch.

In der vorletzten Zeile findet sich eine Textvariante: »Durchs Leichtnehmen verliert man die Minister. Durch Unruhe verliert man den Herrscher.« Unsere Übersetzung wird aber durch den Anfang des Abschnitts gedeckt.

27.

Auch dieser Abschnitt beginnt mit einer Reihe sprichwörtlicher Reime. Die ersten 4 Zeilen der Anwendung, die heute in allen Ausgaben stehen, finden sich nach einer Bemerkung eines Herausgebers des Wang Bi'schen Kommentars nur bei Ho Shang Gung, während sie in den alten Ausgaben gefehlt hätten.

Der Ausdruck »zweifache Erleuchtung« kann auch übersetzt werden »innere Erleuchtung«: er würde wohl in moderner Sprache am besten übersetzt mit »Reflexion«.
Zu den Sätzen über die guten Menschen als Lehrer der Nichtguten und die Nichtguten als Stoff (soviel wie Schülermaterial) der Guten vgl. Kungfutse, Gespräche Buch II, 20 (pag. 15).
Die Hochschätzung der Lehrer und die Liebe zum Schülermaterial wird von manchen als gegenseitige Pflicht aufgefaßt. Das gibt jedoch keinen guten Sinn. Es ist besser, anzunehmen, daß der Berufene alle seine Leute liebt, sowohl die, die er zu Lehrern gesetzt hat, als auch die, die er ihnen als Material der Beeinflussung anvertraut hat. Nur so ergeben die Schlußbemerkungen einen zusammenhängenden Sinn.

28.
Der Abschnitt besteht aus drei symmetrisch gegliederten Strophen, die in sich abgeschlossen sind. Die Erwähnung der Einfalt am Schluß hat dann noch die Hinzufügung einiger Aphorismen über die Einfalt veranlaßt, die hier aus dem Zusammenhang herausfallen. Möglicherweise haben wir es mit versprengten Teilen aus Abschnitt 37 zu tun.

Der Anfang lautet wörtlich: »Wer seine Mannheit erkennt und seine Weibheit bewahrt.«
Das »Ungewordene« in Strophe 2 (Wu Gi) ist eben der vor dem Uranfang (Tai Gi) liegende Zustand des Ineinanderseins der Gegensätze; vgl. Bemerkung zu No. 1.
Zu dem »Tal der Welt« vgl. Bemerkung zu No. 6.

29.

Die »Welt«, wörtlich »das unter dem Himmel«, soviel wie der römische orbis terrarum, ebenfalls auch gleich »Reich«. »Geistiges Ding« (Schen Ki), ein alter Ausdruck, wörtlich »geistiges bzw. göttliches Gerät«. Der Ausdruck stammt wohl ursprünglich von den sagenhaften 9 Opfergefäßen, die, von dem großen Yü verfertigt, als Symbol der Herrschaft über die damaligen 9 Provinzen sich von Generation zu Generation vererbten. Hier in übertragenem Sinn von dem Reich gebraucht mit der Bedeutung, daß es ein geistiger Organismus sei, dem nicht mit mechanischem Machen beizukommen ist.
Auch hier wieder Reimsprüche, deren Inhalt merkwürdig mit dem Kophtischen Lied, No. II, von Goethe übereinstimmt, wenn auch die gezogene Nutzanwendung hier und dort diametral entgegengesetzt ist.

30.
»Menschenherrscher«, ein anderer Ausdruck für Fürst.
Zeile 3 läßt auch die Erklärung zu: »Denn solche Dinge fallen leicht zurück« (scil. auf ihren Urheber).
Zeile 4 redet von der Wirkung des Kriegs auf die Menschen, Zeile 5 von der Wirkung des Kriegs auf die »Manen«, d.h. die Naturkräfte, die durch ihn gestört werden.
Der Sinn des Folgenden ist, daß der Krieg nur als notwendiges Übel angesehen werden dürfe, dem keinerlei Selbstzweck zukomme.
Die drei letzten Zeilen sind aus Abschnitt 55, wo sie besser in den Zusammenhang passen.

31.
Der ganze Abschnitt ist wohl ein Kommentar zum vorigen, der nachträglich in den Text gekommen ist. Wang Bi übergeht ihn mit Stillschweigen. In den alten Manuskripten soll er sich nicht gefunden haben.
Vgl. die Nachschrift zu Wang Bi.

32.
Die Stelle: »So unscheinbar die Einfalt ist« bis »wird ganz von selber recht« unterbricht den Zusammenhang, sie ist wohl ähnlich wie der Schluß von Abschnitt 28 aus Abschnitt 37 versprengt.

Dieser Abschnitt, der sich in manchem mit Abschnitt 1 berührt, gibt die Anschauung Laotses zur Frage der Richtigstellung der Bezeichnungen, die offenbar ein viel erörtertes Thema der alten Zeit war. Vgl. Kungs Äußerung zur Sache Gespräche XIII, 3 (pag. 135) und O. Franke, Über die chinesische Lehre von den Bezeichnungen, Leyden 1906.

33.
Eine Reihe von Antithesen, von denen jeweils die zweite die höhere Stufe repräsentiert. Aus diesem Grunde ist bei der dritten Antithese, die im Text lautet: »Wer sich durchsetzt (gewaltsam handelt), hat Willen, wer sich genügen läßt, ist reich«, eine Umstellung vorzunehmen, um den Sinn Laotses zu treffen.
Das letzte Wort (chines. Schou) hier im Sinn von ewigem Leben.

34.
Über die Allgegenwart des SINNS. Manche Übereinstimmungen mit No. 2. Im Text einige Schwankungen; statt: »Er kleidet und nährt alle Geschöpfe« in manchen Ausgaben: »Er liebt und nährt«.
Das zweite »und er spielt nicht den Herrn« ist wohl eine versehentliche Wiederholung des ersten.

35.
Beginnt wieder mit vier Reimsprüchen. Das »große Urbild« ist soviel wie der SINN. Vgl. auch No. 14.

36.
Auch hier wieder zum Beginn eine Reihe paradoxer Sprüche, die in ihrer praktischen Anwendung von machiavellistischer Kühnheit sind. Darum auch nichts für die große Masse, sondern »geheime Erleuchtung«, d.h. esoterische Weisheit.
Die beiden letzten Zeilen beziehen sichl wohl eben darauf. Wir haben deshalb den Ausdruck »li ki« mit Förderungsmittel, nicht, wie manche Komm. wollen, mit »scharfe Waffen« übersetzt. Vgl. zu diesem Ausdruck Abschnitt 57, dort übersetzt mit »Mittel des Wohlstands«.

37.
Hierher gehören wohl die versprengten Stücke aus No. 28 und 32. Wir verzichten jedoch darauf, einen Rekonstruktionsversuch zu machen.

38.
Das »hohe LEBEN« ist dasjenige, das durch seine Einheit mit dem SINN Leben in sich selber hat, nicht wie das »niedere LEBEN« nur abgeleiteterweise. Vgl. dazu Joh. 5, 26: »Wie der Vater das Leben hat in ihm selber, also hat er dem Sohn gegeben, das Leben zu haben in ihm selber« und zu dem »niederen LEBEN« Marc. 8, 35: »Wer sein Leben will behalten, der wird es verlieren.«
Die Stufenleiter des Handelns macht einige Schwierigkeiten, weil dieselbe Stufe (»handeln und Absichten haben«) zweimal vorkommt: beim niedern LEBEN und bei der Gerechtigkeit. Man beseitigt die Schwierigkeit am besten, wenn man das »niedere LEBEN« als zusammenfassenden Ausdruck für Liebe (Sittlichkeit), Gerechtigkeit und Moral (Riten) auffaßt. Das »Handeln und Absichten haben« wäre danach der Durchschnitt jener drei, über den die Liebe noch etwas hervorragt, während die Moral ihn noch nicht einmal erreicht.
Die Liebe handelt und hat nicht Absichten, d.h. sucht nicht das Ihre. Entsprechend die andern Stufen.
Bei Liebe, Gerechtigkeit, Moral haben wir den Zusatz »die hohe«, der im Chinesischen dasteht, weggelassen,

weil ja bei diesen gar kein Gegensatz zwischen hoch und nieder mehr erwähnt ist. Sehr drastisch ist die Schilderung des »moralischen« Benehmens, das durch seine »Anstandsregeln« unerträglich knechten kann.

Der nächste Passus »Ist der SINN abhanden, dann das LEBEN« usw. ist im Urtext ebenso zweideutig wie in der Übersetzung. Entweder kann es bedeuten: Geht der SINN verloren, dann gibt es LEBEN usw. nach Analogie von No. 18. Aber diese Auffassung gibt gerade in dem ersten Glied keinen befriedigenden Sinn. Daher ist es wohl eher so zu nehmen: »Geht der SINN verloren, dann geht mit ihm zugleich auch das LEBEN verloren« usw.

Das Ganze steht im schroffsten Gegensatz zum Konfuzianismus, dessen höchste Begriffe: Liebe, Gerechtigkeit, Moral (Anstand) hier in ihrem Wert verneint sind. Der Glaube, die vierte jener konfuzianischen Kardinaltugenden, wird zwar anerkannt, aber als mit dem Anstand unvereinbar bezeichnet, während die fünfte, das Wissen (hier Vorbedacht), als des SINNES Schein bezeichnet wird. Der »rechte Mann«, obwohl im Ausdruck verschieden, dennoch sachlich identisch mit dem »Berufenen«.

Die letzte Zeile findet sich an mehreren Stellen wiederholt.

39.

Das Eine ist eben der SINN.

Die Zusammenstellung der »Geister« und der »Tiefe« (der »Materie«) erinnert an Abschnitt 6.

Der Passus über die Geschöpfe im allgemeinen fehlt in manchen Ausgaben. Zu dem Ausspruch über die Herrscher vgl. No. 22. Der Ausdruck, der mit »Richtmaß« übersetzt ist, schwankt in den verschiedenen Ausgaben. Statt »Richtmaß« steht auch »Reinheit, Keuschheit«. Statt »wären die Herrscher nicht erhaben dadurch« haben andere Ausgaben die Wiederholung des Ausdrucks »Richtmaß«.

Die Ausdrücke Einsam, Verwaist, Wenigkeit sind offizielle Selbstbezeichnungen der Herrscher gegenüber vom Himmel. Die Stelle kehrt wieder in No. 42, kann daher hier u.E. gestrichen werden. Das Bild von dem Wagen, dessen Text ebenfalls recht unsicher ist, so daß sogar Komm. II Korruption des Textes annimmt, ist wohl so zu deuten, daß, wie der Wagen nicht ohne seine einzelnen Teile bestehen kann, so auch der Fürst nicht ohne die Untertanen. Die umgekehrte Auffassung, daß der Begriff »Wagen« noch mehr sei als seine Bestandteile, erinnert sehr stark an buddhistische Anschauungen, die dem Einzelmenschen das Atman, das »Ich«, abstreiten.

40.
»Rückkehr« ist soviel wie Kreislauf, daher ist der SINN in sich geschlossen und unerschöpflich. »Schwachheit« ist soviel wie qualitative, nicht quantitative Wirkung. Das »Nichtsein« hier ebenfalls = das nicht in Erscheinung Tretende, der qualitative Wert: Teleologie, nicht Kausalität als Erklärungsprinzip.

41.
Die erste Hälfte ist ohne weiteres verständlich. Dagegen enthält das Zitat aus dem »Spruchdichter« sehr starke Paradoxien. »Sinn« kommt in diesem Zitat der Bedeutung »Weg« näher als sonst.
Die Diskrepanz zwischen Wesen und Erscheinung, die in diesen Sprüchen ausgedrückt ist, beruht darauf, daß alle Tugenden in ihrer höchsten Entfaltung nichts tun, um sich selbst ins Licht zu setzen. Vgl. »Laß deine rechte Hand nicht wissen, was die linke tut«.
Das große Geviert (= Quadrat) hat keine Ecke, da es unendlich groß ist und daher sich der endlichen Wahrnehmung entzieht.
Ein ähnlicher Gedanke liegt der Zeile vom »großen Ton« zugrunde. Er übersteigt die Skala des Hörbaren.

42.

Der Abschnitt enthält zwei getrennte Teile, von denen der erste kosmogonisch ist. Die Einheit ist »Wu Gi«, die Zweiheit »Tai Gi« mit ihrer Teilung in Yang und Yin. Vgl. Anm. zu No. 1.

Das dritte, der »unendliche Lebensatem«, d.h. der Geist, ist sozusagen das Medium der Vereinigung der beiden Dualkräfte.

Die zweite Hälfte z. T. Wiederholung aus No. 39.

Die Schlußzeile wird auch folgendermaßen übersetzt: »Ich will der Vater (= Begründer) dieser Lehre heißen.« Doch ist unsere Übersetzung in den Kommentaren besser bezeugt.

43.

Das »Allerweichste«, d.h. das Widerstandslose.

Das »Nichtseiende« ist auch hier wieder zu fassen als das Unräumliche, das imstande ist, das Räumliche allgegenwärtig zu durchdringen.

44.

Vgl. Matth. 6, 25: »Ist nicht das Leben mehr als die Speise?«

45.
Die Reimsprüche bilden eine Analogie zu denen in No. 41.

46.
»Wenn der SINN herrscht auf Erden«: hier ist Sinn nicht in prägnanter Bedeutung genommen, sondern mehr soviel wie: »Wenn vernunftgemäße Zustände herrschen«.

47.
Statt: »Er wandert nicht und kommt doch ans Ziel« findet sich, wohl beeinflußt durch die 1. Zeile, auch die Lesart: »Er wandert nicht und erkennt doch«.
Statt: »Er sieht sich nicht um und vermag doch zu benennen« auch: »und vermag doch zu befehlen«.

48.
Zu den beiden letzten Sätzen vgl. No. 57. (Der Ausdruck, der hier mit »Reich« übersetzt ist, ist dort mit »Welt« wiedergegeben, um eine Kollision mit der ersten Zeile, wo ein andrer Ausdruck für »Reich« steht, zu vermeiden; sachlich kommt es auf dasselbe heraus.)

49.

Auch dieser Abschnitt steht in einem gewissen Gegensatz zu dem Konfuzianismus. Kung geht wohl so weit, daß er als Maßstab für die Behandlung der andern die eigenen Ansprüche bzw. Wünsche bezeichnet. Laotse geht noch einen Schritt weiter, indem er als Ideal aufstellt, daß jeder so zu behandeln ist, wie es seinem Wesen entspricht, d.h. rein als Selbstzweck. Dies ist der Sinn der zwei ersten Zeilen »Der Berufene hat kein Herz für sich«, wörtlich »kein Herz mit einer ein für allemal bestimmten Richtung der Handlungsweise«. Daß Laotse sich bewußt ist, ein Paradoxon auszusprechen, drückt er in den letzten Zeilen aus, wo er sagt, daß die Leute alle verwundert auf eine derartige Ausnahmeerscheinung starren. Interessant ist die Begründung für die unbedingte Güte und Treue, ganz einerlei, wie der andere sich benimmt, im eigenen Wesen (LEBEN), das gar nicht anders kann als sich entsprechend äußern. Es ist die »Vollkommenheit, wie euer Vater im Himmel vollkommen ist«, die Jesus als Motiv der Feindesliebe verlangt (Matth. 5, 48).

50.
»Ausgehen« sc. aus dem Nichtsein im Sein. »Eingehen« sc. aus dem Sein ins Nichtsein. »Knechte des Lebens« sind die in der aufsteigenden Linie, »Knechte des Todes« sind die auf der absteigenden Linie begriffenen.

»Die das Leben suchen und des Todes Stelle bewegen« sind die, die in ihrem Streben nach Leben das »Verweilende« (vgl. Faust: »Werd' ich zum Augenblicke sagen: verweile doch« …) suchen und durch dieses Verweilen dem Tod den Angriffspunkt bieten. Das sind zusammen neun Zehntel, die alle dem Tod verfallen sind. »Wer gut das Leben zu führen weiß«, das ist das übrige Zehntel der Menschen, die Weisen. Da alle Gefahren nur das individuelle Ich treffen, sind sie ihnen entnommen und brauchen sie nicht zu fürchten. Mit ihrem individuellen, zufälligen Ich haben sie zugleich »ihre sterbliche Stelle« aufgegeben. Sie leben, ob sie gleich sterben (vgl. Joh. 11, 25). Eine kleine Textvariante findet sich Zeile 13; statt« tragen« haben manche Texte »ausweichen«.

Von dieser Auffassung des Abschnitts verschieden ist die andre, die statt »drei unter zehn« erklärt: 13. Nach ihr gibt es 13 Mächte des Lebens, 13 Mächte des Todes, 13 sterbliche Stellen, doch scheitert diese Auffassung nicht nur am Kontext, sondern auch daran, daß kein

Mensch weiß, was aus den geheimnisvollen 3 x 13 zu machen ist. Daß der späteren taoistischen Spielerei mit dieser Auslegung gedient war, läßt sich leicht verstehen. In der Folge hat dann auch das Suchen nach Zaubermedizinen gegen Tigerzahn und Waffenwunden seine Rolle gespielt. Die Boxerbewegung mit ihren Waffensegen ist der letzte Ausläufer dieses Aberglaubens. Daß das alles mit Laotse nichts zu tun hat, braucht nicht erst betont zu werden.

51.

Die beiden ersten Zeilen beziehen sich auf den Zustand, ehe die Dinge in die Erscheinung getreten sind, die beiden folgenden auf den Zustand, nachdem sie in die Erscheinung getreten sind. Sie sind die Folge der beiden ersten. Haben die Dinge erst im SINN den Daseinsgrund und im LEBEN die Kraft zum Dasein, so verschaffen sie sich durch ihr eigenes Wesen eine entsprechende äußere Form, und die Umstände bringen diese Form in die endgültige Gestalt, ohne daß dazu noch ein besonderer Eingriff nötig wäre. Dieser Naturverlauf ist der Grund, warum es höchste Weisheit ist, als Herrscher von allem »Machen« sich zu enthalten.

52.
Zu dem »Aufhören des Ichs« vergleiche die Ausführungen zu No. 50. Statt »Aufhören des Ichs« ist grammatikalisch auch möglich die Übersetzung »sein Leben lang«. Doch ist der chinesische Ausdruck von dem nachfolgenden, den wir so wiedergegeben haben, verschieden. Zudem findet er in der vorletzten Zeile seine Stütze.

53.
Der Ausdruck, den wir mit »von außen her« übersetzt haben, heißt im Chinesischen wörtlich: »Schale«, dann aber auch »klein«, »unbedeutend« usw. Grammatikalisch möglich wäre für die ersten 5 Zeilen auch folgende Übersetzung:

»Wenn ich auch nur ein wenig Erkenntnis habe,
um dem großen SINN entsprechend zu wandeln,
so ist es vor allem die äußerliche Entfaltung,
die ich zu fürchten habe.
Der große SINN ist ganz eben,
aber die Leute lieben Seitenwege. . .«

Bei dieser Auffassung sind dann die folgenden Aufzählungen Beispiele für die Seitenwege.
»Hofhaltung« in Zeile 6 kann sich sowohl auf den fürstlichen Hof beziehen als auch auf die Gehöfte der Leute aus dem Volk.

54.

Die Reihenfolge der sozialen Stufen: Ich, Familie, Gegend (Gemeinde), Land, Reich (»Welt«) stimmt ziemlich mit der in der konfuzianischen »Großen Lehre« genannten: Ich, Familie, Land, Reich. Daß bei Laotse ein anderes Wort für Land steht, wird von chinesischen Kommentaren auf Redaktionsänderungen zurückgeführt. Interessant ist übrigens, daß Laotse die Landgemeinde erwähnt.

Zur letzten Zeile vgl. No. 21.

55.

Zur Erklärung der Besiegung aller Gefahren vgl. No. 50. Eine Parallele 55 findet sich übrigens in den Verheißungen der apokryphen Stelle Marc. 16, 17 f. Den Ausdruck: »Es weiß noch nichts von Mann und Weib, und doch regt sich sein Blut usw.« gibt Strauß wörtlich genau auf griechisch wieder:

> **οὔπω γιγνώσκει τὴν τῶν γυναικῶν ἀνδρῶν τε σύμμιξιν. καίτο τὸ αἰδοῖον στύεται — σπέρματος περισσείᾳ.**

»Weil es des Friedens Fülle hat« ist soviel wie innere Harmonie.

Zum Schluß ist wieder interessant die unmerkliche Antithese: »Den Frieden erkennen heißt ewig sein. Die

Ewigkeit erkennen heißt weise sein« zu den nachfolgenden Zeilen: »Das Leben mehren nennt man Glück (vgl. dazu No. 50). Für sein Begehren seine Seelenkraft einsetzen (wir würden sagen: Nervenkraft) nennt man stark«, eine Antithese, die durch die abschließende Verurteilung eine grelle Beleuchtung bekommt.
Die Schlußzeilen passen hier besser in den Zusammenhang als in No. 30.

56.
Der erste antithetische Spruch gehört wohl in den Zusammenhang von No. 81. Der zweite Spruch ist aus Nr. 52, die nächsten fünf aus No. 4.
Alle diese Aussprüche sind an den anderen Stellen besser am Platz als in diesem Abschnitt, der eine Schilderung gibt der Erhabenheit über alle Leiden und Freuden der Welt, wie sie dem, der die Wahrheit erkannt hat, zuteil wird.

57.
Der Ausdruck »Regierungskunst« beruht auf einer Konjektur für den Ausdruck »Geradheit«, der in den meisten Texten steht. Doch werden in der alten Sprache die Ausdrücke gelegentlich ausgetauscht.
Auch läßt sich unsre Auffassung durch den jap. Komm. belegen.

Hier wieder die paradoxe Antithese der beiden ersten Sätze zum dritten.
Die sachlichen Ausführungen kommen in ihrer negativen Seite mit den Aussprüchen Kungs, Gespräche Buch II, 1 und 3 (pag. 8), durchaus überein, nur daß Kung außer dem LEBEN (der Kraft des Geistes) auch die Sitte (Anstand) als wichtigen Faktor nimmt, die Laotse bekanntlich sehr niedrig einschätzt (vgl. Nr. 38). Zum Schluß statt der sonst üblichen Nutzanwendung Zitat eines alten Reimspruches.

58.

Der Sinn der ersten vier Zeilen ist ohne weiteres klar. Im Folgenden finden sich verschiedene Abweichungen im Text. Unserer Textauffassung nach ist die Meinung etwa: Was zunächst als Unglück erscheint (sc. die zögernde Handhabung der Regierung), stellt sich mit der Zeit als Glück heraus. Was zunächst als Vorzug erscheint (sc. eine energische und zufassende Regierung, die das Volk zu Ruhm und Ehren führt), bringt mit der Zeit Unglück. Darum ist es das Höchste, nicht zu regieren; denn sonst wird das Gesetz mit der Zeit lästig: »Vernunft wird Unsinn, Wohltat Plage.« Und das Volk bleibt in beständiger Verblendung (vgl. Faust 1).
Eine andere Textversion teilt nach Zeile 7 ab, nimmt also die Zeile noch zum Vorhergehenden und erklärt:

»Wer erkennt es aber, daß Glück und Unglück auf ihrem Höhepunkt beständig ineinander übergehen?« Dann heißt es weiter: »Hat er (der Regent) nicht die rechte Art, so verkehrt sich die Ordnung und das Gute fortwährend in ihr Gegenteil, und das Volk kommt aus der Verblendung nicht heraus.«
Es ist wohl anzunehmen, daß im Text irgend etwas nicht in Ordnung ist, so daß man wohl den allgemeinen Sinn, aber nicht den feineren Gedankengang entziffern kann. Der Abschnitt gehört sachlich mit dem vorangehenden eng zusammen.

59.
Die »erzeugenden Kräfte des Reichs«, wörtlich »die Mutter des Reichs«, nämlich der SINN in seiner Entfaltung als LEBEN.

60.
In dem Abschnitt über die Geister und ihre Wirkungen macht der Wortlaut einige Schwierigkeiten. Namentlich ist fraglich, ob nur von den Geistern der Abgeschiedenen die Rede ist oder auch von den Naturgeistern. Möglich, obwohl grammatikalisch ebenfalls schwierig, wäre auch die Übersetzung: »Wenn man über den Erdkreis waltet entsprechend dem SINN, so

äußern sich die Manen nicht als Dämonen (Naturgeister; d.h., sie bleiben ruhig). Abgesehen davon, daß die Manen sich nicht als Dämonen äußern, so schaden die Dämonen nicht den Menschen (d.h., sie bleiben bei ihren normalen Wirkungen. Es gibt keine Naturkatastrophen. Vgl. dazu No. 30). Abgesehen davon, daß die Dämonen den Menschen nicht schaden, so schadet auch der Berufene den Menschen (Textvariante) nicht. Wenn diese beiden sich nicht bekämpfen, so vereinigen sich ihre Kräfte in ihrer Segenswirkung.«
Am meisten Schwierigkeiten macht das Wort Fe, das wir im Text mit »nicht, daß« bzw. »nicht nur, daß« übersetzt haben und das oben mit »abgesehen davon, daß« wiedergegeben ist. Es einfach zu streichen, wie St. Julien will, geht nicht, da es sich in allen Ausgaben findet. Immerhin ist der Sinn im allgemeinen klar: »Quieta non movere!« Durch eine zurückhaltende, friedliche Regierung bleibt auch die unsichtbare Welt in Ruhe, während in Zeiten der Unruhe »Zeichen und Wunder« geschehen.

61.

Das »sich unten halten« hat die Meinung: »sich frei halten von Prätensionen, sich zurückhalten«.

Das Verhältnis des großen und des kleinen Reichs, die durch gegenseitige Zurückhaltung gewinnen, ist das, daß das große Reich durch Zurückhaltung das kleine zum politischen Anschluß bewegt (in der chinesischen Geschichte gibt es Beispiele davon) und daß das kleine Reich durch Vereinigung mit dem großen an politischem Einfluß gewinnt und des Schutzes gegen feindliche Übergriffe sicher wird. Es ist im allgemeinen die Lehre ausgesprochen, daß dasjenige Staatswesen, das am uneigennützigsten den allgemeinen Interessen dient, die Hegemonie erhält. Carus verweist dabei auf die Beispiele von Preußen in Deutschland und Athen in Griechenland.

62.

Das Wort, das wir mit »Hort« wiedergegeben haben (Ao), bedeutet eigentlich die dunkle Südwestecke des Hauses, wo der Lar seinen Sitz hatte. Die Verehrung des Laren scheint übrigens im 6. Jahrhundert schon wesentlich zurückgegangen zu sein zugunsten des Herdgottes, der gegenwärtig den vollen Sieg davongetragen hat. Man vergleiche zu diesen Zuständen Kungfutse, Gespräche III, 13 (pag. 24).

Indem Laotse die Art dieser Gottheit, die in den dunklen Verborgenheiten des Hauses unsichtbar schützend thront, in erweitertem Maßstab auf den SINN anwendet, gewinnt er ein überaus bezeichnendes Bild für ihn, das in den beiden nächsten Zeilen noch weiter erklärt ist. Bemerkenswert ist die Ausdehnung seiner Wirksamkeit auch auf die Nichtguten, vgl. Schillers Lied an die Freude:

»Alle Guten, alle Bösen
Folgen ihrer Rosenspur«.

Die beiden Zeilen über die hehren Worte und hehren Taten sind nach dem Wortlaut bei Huai Nan Dsï wiedergegeben. Die Stelle hat große textliche Schwierigkeiten. In der Beziehung der Einsetzung des Herrschers und der Fürsten auf das Vorangehende, daß sie nämlich dafür sorgen, daß auch die Nichtguten nicht verworfen zu werden brauchen, folgen wir dem Kommentar II. Das Folgende geht von dem Bild der Darbringung von Geschenken an den Herrscher aus, es bezeichnet den SINN als die wertvollste Gabe an den Herrscher. Möglich wäre auch die Übersetzung: »Besser als ein Minister, der (alle äußeren Formen beherrscht und in Anwesenheit des Herrschers) sein Nephritszepter ehrfurchtsvoll in Händen hält und mit vier Vorreitern fährt, ist einer, der auf seinen Knien (wörtlich »sitzend«, entsprechend dem alten Ritus) den SINN darbringt.« Die

Details des Hofzeremoniells, die hier andeutungsweise erwähnt sind, bedürfen wohl, weil nicht wesentlich, keiner ausführlichen Erläuterung. Die Idee der Sündenvergebung, die hier auftritt, ist der konfuzianischen Richtung in dieser religiösen Ausprägung im allgemeinen fremd.

63.
Der Satz: »Vergilt Groll durch LEBEN«, gewöhnlich übersetzt durch: »Vergilt Unrecht mit Güte«, spielt in den Erörterungen der Zeit eine gewisse Rolle. Laotse begründet ihn in No. 49 damit, daß unsere Handlungsweise notwendig aus unserem Wesen hervorgeht, daß wir darum gar nicht anders als gut sein können. Er geht damit über den Gedanken der »Gegenseitigkeit« hinaus, der in den nachkonfuzianischen Systemen eine so wichtige Stelle einnimmt. Kung war aus Gründen der staatlichen Gerechtigkeit zweifelhaft in diesem Stück (vgl. seine Äußerung zu der Frage in »Gespräche«, Buch XIV. 36, pag. 163), obwohl er den Grundsatz für die individuelle Moral anerkannt hat (vgl. Li Gi 29, 11 f.).

64.

Das Achten auf das Kleine, noch nicht in Erscheinung Getretene, ist ein Grundsatz, den auch Kung vertritt, vgl. Gespräche XV, 11 (pag. 174). Im übrigen scheint hier eine Art Zitat aus dem Urkundenbuch vorzuliegen. Vgl. Schu Ging IV, 5, 8, 9: »Tu nichts Wertloses zum Schaden des Wertvollen, so wird dein Werk vollbracht. Halte nicht wert fremde Dinge unter Vernachlässigung der nützlichen, so wird das Volk Genüge haben. Hunde und Pferde, die nicht dem Klima entsprechen, halte dir nicht. Kostbare Vögel und seltene Tiere nähre nicht im Lande. Schätze nicht ferne Dinge, so werden die Leute aus der Ferne herbeikommen; was du schätzest, seien allein die Würdigen, so werden die Leute in der Nähe Frieden haben. O, sei früh und spät niemals etwa träge. Spare nicht unbedeutende Handlungen, denn das beeinflußt zuletzt die große Wesenskraft, wie ein Berg von neun Faden Höhe, dem noch der letzte Korb Erde fehlt.« Vgl. die Ansicht Kungs in der Sache, Gespräche IX, 18 (pag. 93).

65.

Auch in Beziehung auf die Volksaufklärung sind die Ansichten von Laotse und Kung durchaus übereinstimmend; Gespräche Buch VIII, 9 (pag. 79).

66.

Bei Wang Bi ohne Kommentar, ebenso wie der apokryphe Abschnitt 31. Auch der vorliegende Abschnitt bietet sachlich nichts Neues.

67.

Der Anfang ist nicht ganz eindeutig im Text und in der Überlieferung. In manchen Ausgaben fehlt das Wort SINN, ohne daß dadurch jedoch in der Bedeutung etwas geändert würde.
Schwerwiegender ist die von manchen bevorzugte Interpunktion: »Alle Welt sagt, meine Lehre scheine durchaus für die Wirklichkeit ungeschickt.« Unsere Auffassung wird durch den Zusammenhang bekräftigt. »Für die Wirklichkeit nicht geschickt« ist soviel wie unfähig bzw. unpraktisch.

69.

Der Abschnitt gehört sachlich zu No. 30 u. 31.
»Besser ist es, den Gast zu spielen als den Herrn«, d.h. sich in seinen Bewegungen nach dem Feinde richten. Die paradoxen Sprüche sollen nur ein starker Ausdruck für die im Krieg zu befolgende Behutsamkeit sein. Die japanische Art der Kriegführung im Russisch-Japanischen Krieg hielt sich genau an diese Art.

Drittletzte Zeile: die Schätze würden im Zusammenhang auf die im letzten Abschnitt genannten bezogen werden müssen. Die Zeile ist übrigens textkritisch nicht einwandfrei.

70.

Auch Laotse hat sich wie Kung mit der Schwierigkeit auseinanderzusetzen, daß er nicht verstanden wird. Vielleicht ist nichts charakteristischer für das ganze Wesen der beiden als die verschiedene Art, wie sie sich mit dieser Tatsache auseinandersetzen. Bei Kung ist das Nichtverstandenwerden der große Schmerz seines Lebens, mit dem er wohl nie ganz fertig geworden ist. Denn gerade daß er – vom 1. Satz in den Gesprächen an – so viel darüber redet, daß man sich über das Verkanntsein zu erheben habe, zeigt, wie tief ihn das Problem angriff. Wir wissen, daß es bei Kung nicht gekränkte Eitelkeit war, die diese Stellung hervorrief, sondern das Bewußtsein, daß er die Mittel habe, dem Reich zu helfen, während sich niemand fand, der zu ihrer Anwendung bereit gewesen wäre. Laotse setzt sich mit souveränem Stolz darüber hinweg im Bewußtsein, daß sein Verkanntwerden eine Folge davon ist, daß der »Herr und Vater« seiner Lehren, das Prinzip, das ihnen zugrunde liegt, der »SINN«, nicht erkannt wird.

Er gehört in die Reihe jener Weisen, die ein für allemal resigniert haben, wie sie uns in den Gesprächen Kungs mehrfach begegnen, bes. im Buchl XVIII. Für den Mystiker liegt dieser Standpunkt ohne weiteres nahe. Laotse hat darin Geistesverwandte in allen Zeiten und Ländern.

71.
Das Zeichen, das wir mit »Leiden« übersetzt haben, heißt wörtlich »kranksein«. Es wird sowohl substantivisch als verbal gebraucht, worauf die scharfe Paradoxie des Abschnitts beruht.
Über das Wissen findet sich ein ähnlicher Ausspruch in Kungs Gesprächen Buch II, 17 (pag. 13), der ebenso bezeichnend durch seine Übereinstimmung wie durch seine Abweichung ist.

72.
Das Furchtbare, das die Leute fürchten sollen, ist wohl der Tod – vgl. Abschn. 74. Im übrigen sind die Erklärungen der Stelle Legion.
Einigermaßen schwierig ist auch die Zeile: »Dadurch eben, daß man nicht verdrießlich wird (sc. den Untertanen gegenüber), wird es nicht verdrießlich.« Möglich wäre auch: »Dadurch, daß man es nicht verdrieß-

lich macht…« Es ist hier eine der Stellen, wo die Konzisheit des Gedankens den sprachlichen Ausdruck sozusagen zerbricht. Die chinesischen Zeichen heißen wörtlich: »Denn nur nicht verdrießlich, darum nicht verdrießlich«. Die Deutung, ob Substantiv oder Verb, ob aktiv oder passiv, bleibt dem Leser überlassen.

73.

Zu der Schlußzeile zitiert Carus das Logausche Sinngedicht:

> Gottes Mühlen mahlen langsam,
> mahlen aber trefflich klein,
> ob aus Langmut er sich säumet,
> bringt mit Schärf' er alles ein.

Es ist aber fraglich, ob der Sinn hier nicht eher der von Matth. 10, 29 f. ist: Kauft man nicht zween Sperlinge… In die Gedankenzusammenhänge von Laotse paßt dieser Sinn besser. Vgl. übrigens den nächsten Abschnitt.

74.

Der Abschnitt wird verschieden erklärt. Manche sehen darin nur eine Einschränkung der Todesstrafe oder wohl gar nur des politischen Mords empfohlen und übersetzen Zeile 3 ff. (wobei die eingeklammerten Worte angeblich ergänzt werden müssen, jedenfalls nicht in dem Text stehen): »Die Leute in beständiger Furcht vor dem Tod halten, und wenn dann einer etwas Wunderliches (sc. Schlechtes) tut, den hole ich mir und töte ihn. Wer getraut sich (dann noch, etwas Schlechtes zu tun)? Es gibt aber einen (Scharfrichter? – nach andern: ordentlich bestellten Richter), der die Todesstrafe zu verhängen hat…«

Schon die vielen Ergänzungen, die auf diese Weise nötig werden, zeigen das Gezwungene dieser Deutung, ganz abgesehen davon, daß diese Ansicht ganz aus dem Gedankenkreis des Laotse herausfällt. Umgekehrt ist es ganz leicht verständlich, daß in China, wo die Todesstrafe heutzutage zu den Selbstverständlichkeiten gehört, die Kommentatoren die Erklärung des Textes der vulgären Meinung angenähert haben.

Wer der ist, der »das Töten überwacht und tötet«, ist nicht gesagt. Die Stelle erinnert in dieser Beziehung an Matth. 10, 28: Fürchtet euch vielmehr vor dem, der Leib und Seele verderben kann in die Hölle.

76.

Die Zeile: »Ist ein Baum stark, so braucht er Stützen« ist textlich in den verschiedenen Ausgaben abweichend und macht Schwierigkeiten. Vermutlich liegt Korruption vor.

77.

Der chinesische Bogen ist, wenn abgespannt, nach der innern Seite gebogen und muß beim Spannen durchgedrückt werden. Vgl. Abbildung.

Abgespannter Bogen

Gespannter Bogen

Zur Sache vgl. Nr. 22 und Jes. 40, 4.

Daß Carus einen Gegensatz zu Matth. 13, 12 (Wer da hat, dem wird gegeben …) herauskonstruiert, beruht auf Mißverständnis. Heranzuziehen wären Stellen wie Matth. 20, 16 (Also werden die letzten die ersten …). Zum Schlusse vgl. Abschn. Nr. 2. Doch ist der Text etwas abweichend.

78.

Hier wieder ein ausdrückliches Zitat. Die Erdopfer (vgl. Anm. zu Abschnitt 6) sind das Vorrecht des Landes-

fürsten. Herr der Erdopfer ist also der Fürst bzw. Kaiser. Das Aufsichnehmen der Schuld als Vorbedingung der Herrschaft ist im chinesischen Altertum wie auch in Westasien und Europa eine geläufige Anschauung. Vgl. dazu die Gebete der Könige Tang und Wu, die in Kung, Gespräche XX, 1 (pag. 215) zitiert sind.
Die Schlußzeile würde modern ausgedrückt heißen: Die Wahrheit klingt oft paradox.

79.
Der Sinn ist wohl der, daß bei jedem Streit, auch wenn er geschlichtet ist, doch noch eine Mißstimmung bleibt. Um das zu vermeiden, muß man überhaupt den Streit vermeiden, was eben dadurch geschieht, daß man nur Pflichten kennt, ohne Rechte für sich in Anspruch zu nehmen. Kungfutse, Gespräche Buch XV, 20 (pag. 176).

80.
Geknüpfte Knoten dienten, ähnlich wie in Peru, im chinesischen Altertum anstatt der Schrift, vgl. auch die Runen.
Die hier gegebene Schilderung des goldenen Zeitalters der Rückkehr zur Natur, das Laotse als Ideal verkündet, hat in der chinesischen Literatur manchen Nachklang erweckt. Am schönsten vielleicht in dem Mär-

chen von der Pfirsichblütenquelle das Tao Yüan Ming, das wir in der Stilisierung von Dr. Gutherz, Tsingtau, wiedergeben:

DIE QUELLE IM PFIRSICHBLÜTENWALD

Es lebte einst, zu Zeiten Tai Jüans ein Fischer in Wuling. Dort war ein Fluß, auf dem er aufwärts fuhr, und er vergaß, ob weit, ob nahe er gefahren war, als da ein Wald ganz hell von Pfirsichblüten beide Ufer wohl viel hundert Schritte tief umfing. Da gab es keine andern Bäume; frisches, schönes Duftgras nur, in das sich Pfirsichblütenblätter niederstreuten. Der Fischer wunderte sich sehr darüber, und er fuhr noch weiter, denn er mochte wissen, wo des Waldes Ende war. Am Waldesrande aber war ein Berg, da quoll der Fluß heraus, und da war auch ein kleiner Gang hinein – wie lichtumschwebt.

Dort trat er ein – es ging gerade – wenig Schritte weiter aber ward es hell und weit – ein weithin ausgedehntes Land. Zwischen guten Feldern, schönen seichten Wasserflächen lagen sauber Hütten und auch Häuser. Wege führten kreuz und quer, es gab wohl alle Arten Bambuspflanzen und viel Maulbeersträucher. Von jedem Dorfe zu dem andern klang die Antwort von den

Hunden und den Hühnern. Männer und Frauen – wie unsere Leute heraußen – säten die Felder; friedlich und froh des eigenen Tuns waren so Kinder als Greise.
Sie staunten, als sie unsern Fischer sahen und ihn dann befragten; über seine Rede aber luden sie ihn ein zu sich und gaben ihm vom Wein und schlachteten zum Mahl die Hühner. Im Dorfe hörte man davon, und jeder kam und fragte. Selbst erzählten sie, daß ihre Eltern einst zur unruhigen Zeit von Tsin Sche Huang mit Frau und Kind und allen Leuten fort- und hergezogen seien, daß von damals her nicht einer mehr herausgekommen sei, und daß sie auch daher nichts wüßten von den Menschen draußen. Wer wohl König sei, das fragten sie; sie kannten nicht die Dynastie der Han, geschweige die der We und Tsin. Der Fischer aber gab ihnen von allem Kunde, was er wußte, daß sie nur so lauschten. Mancher Tag verging ihm dort auf diese Weise, eingeladen und bewirtet, wie er war, mit Wein und Speise. Dann beim Abschied meinten sie, es sei wohl nicht der Mühe wert, den Leuten draußen was davon zu sagen.
Der Fischer kam wieder heraus, bestieg sein Boot zur Heimkehr und behielt genau die Orte der Umgebung im Gedächtnis. In der Hauptstadt des Bezirkes gab er dem Beamten hübsch Bericht, und der hat Boten aus-

gesandt nach jener Schilderung. Die haben sich dabei verirrt und nicht den Weg gefunden. – – –
Wohl ging noch Liu Tse Ki, der Weise aus dem Süden, frischen Mutes auf die Suche. Aber ehe er Erfolg erreichte, ward er krank und starb. Seither hat niemand nach dem Weg gefragt.

Nachwort

von Richard Wilhelm

Wenn man heutzutage es unternimmt, Laotse zu übersetzen, so bedarf das in den Augen sämtlicher Sinologen vom Fach einer ausdrücklichen Entschuldigung. Denn kein chinesisches Werk hat seit ungefähr hundert Jahren die Übersetzertätigkeit so sehr auf sich gezogen wie gerade der Taoteking. Das Rätselhafte und Schwierige des Textes gibt so viel zu denken und zu sinnen. Und da der Taoteking ein Werk ist, dessen Verständnis auch unter den chinesischen Gelehrten nicht eben häufig angetroffen wird, so pflegt der Mut des angehenden Sinologen der Aufgabe gegenüber zu steigen. So gut wie die chinesischen Literaten ihm nicht gewachsen sind, fühlt er auch in sich die Berechtigung, ihn, falls es nicht anders sein kann, mißzuverstehen. Ja, diese Berechtigung zu individueller Auffassung pflegt noch wesentlich weiter zu reichen. Es soll in der deutschen Literatur mehr als eine freie Nachdichtung des alten Weisen umlaufen, die ihre Quellen nicht im Studium des chinesischen Textes hat, sondern in einem intuitiven Erfassen dessen, was andere, weniger geistvolle Übersetzer bei der Wiedergabe des Textes in englischer oder französischer Sprache sich an philosophischem Tiefsinn haben entgehen lassen, wobei seltsamerweise die Seelenverwandtschaft meist so weit geht, daß der alte Chinese in seinen Gedanken eine auffallende Übereinstimmung mit dem jeweiligen Übersetzer zeigt.

Man kann bei dieser Überfülle der Übersetzungen billig fragen, warum nun noch eine weitere dazukommen solle. Zwei Gründe sind es, die mir den Mut gegeben haben zu der vorliegenden Neuherausgabe. Der erste liegt in dem Plan des ganzen Unternehmens. Unter den Urkunden der Religion und Philosophie Chinas, selbst wenn, wie es beabsichtigt ist, nur das Allerwichtigste gegeben werden soll, darf das kleine Büchlein, das einen so großen Einfluß ausgeübt hat, nicht fehlen. Auch kommt es gerade dadurch, daß es so mittendrin steht in seinem natürlichen Zusammenhang, in eine Beleuchtung, die geeignet ist, manches, das in seiner Isoliertheit befremden muß oder unverständlich bleibt, aufzuklären und richtigzustellen. Der zweite Grund ist, daß gerade unter den vielen modernen Wiedergaben des alten Chinesen es sich vielleicht ganz gut macht, wenn er selbst auch einmal wieder zu Wort kommt.

Die Literatur über Laotse ist nicht klein. Bei ihrer Durcharbeitung habe ich die Erfahrung gemacht, daß das Neue, das über Laotse gesagt wird, in keinem Verhältnis zu der Masse des Vorgebrachten steht. Im Gegenteil, man kann beobachten, daß gewisse Dinge von einem Buch ihren Weg durch alle folgenden machen, indem sie teils anerkannt, teils bestritten werden. Bei dieser Lage schien es weniger darauf anzukommen, aus den vorhandenen europäischen Büchern wieder einmal ein neues zusammenzustellen. Vielmehr schien es eher wünschenswert, aus der chinesischen Literatur etwas beizubringen. So wurde denn sowohl bei der Übersetzung als auch bei der Erklärung durchweg auf chinesische Quellen zurückgegriffen. Die europäische Literatur wurde nicht vernachlässigt, aber doch erst in zweiter Linie berücksichtigt. Immerhin dürfte wohl keines der wichtigeren Probleme, die mit Beziehung auf den Taoteking zur Diskussion stehen, unberücksichtigt geblieben sein. Auch schweigendes Vorübergehen ist unter Umständen eine Art der Berücksichtigung. Namentlich wo der Platz mangelt, um auf alle Details einzugehen und die eigene Ansicht ausführlich zu begründen. Gerade was Laotse anlangt, werden ja täglich neue Entdeckungen gemacht, und es wäre vielleicht verlockend gewesen, auch mit einer aufwarten zu können. Statt dessen wird manchem manches als veraltet erscheinen, das hier über den Taoteking beigebracht ist. Anderes wieder, das man gern entschieden sähe, mußte zweifelhaft gelassen werden. Aber das geht nun einmal so in der Welt. Man kann es nicht jedem recht machen. Alles in allem verdanke ich der Be-

schäftigung mit dem kleinen chinesischen Werkchen manche schöne Stunde ruhigen Schauens, und wenn es Leser gibt, denen es ebenso geht, so ist dieser Versuch einer Neuübersetzung nicht umsonst.
Dem Dozenten an der juristischen Fakultät der neuen Deutsch-Chinesischen Hochschule in Tsingtau, Herrn Dr. jur. Harald Gutherz, der diese Ausgabe durch seine Abhandlung: »Laotses Gedanken über die menschliche Gesellschaft« und durch Überlassung des von ihm stilisierten Märchens in den Erläuterungen zu Abschnitt 80 bereichert hat, sowie Herrn Oberlehrer Friedrich Boie in Thorn, der die Güte hatte, die Korrekturen zu lesen, sei auch an dieser Stelle herzlicher Dank gesagt.

Tsingtau, 1. Dezember 1910

Editorische Notiz

Der Text der vorliegenden Ausgabe von Laotses »Tao te king« gibt den Text der Originalausgabe der Übersetzung von Richard Wilhelm wieder. Seine Übertragung aus dem Chinesischen ins Deutsche wurde erstmals 1911 veröffentlicht, im Eugen Diederichs Verlag in Jena. Im Verlauf der fast 100 Jahre bis heute wurde sie mehrmals leicht verändert. Mit der Neuausgabe bei »Atmosphären« kehrt das deutschsprachige »Tao te king« wir zu seinem Ausgangspunkt zurück, dem Original der Erstausgabe.

Verändert wurden nur drei Dinge: Zum einen wurde die Interpunktion behutsam einem neueren Standard angepasst, der so genannten alte Rechtschreibung, wie sie bis 1998 gültig war. Zum anderen wurde die Abkürzung »bezw.« generell in die Form »bzw.« gebracht. Und schließlich wurden alle chinesischen Ausdrücke einheitlich groß geschrieben, nachdem sie in der Originalausgabe von 1911 noch uneinheitlich groß und klein gesetzt waren; dies betrifft vor allem die Ausdrücke »De« und »Dao«.

Zur Autorin der Einleitung

Martina Darga, Dr. phil. geboren 1962, studierte Sinologie, Völkerkunde und Psychologie und promovierte im Fach Sinologie mit einer Arbeit über innere Alchemie in China. Sie ist als Autorin, als freie Redakteurin und in der Erwachsenenbildung tätig. Ihre thematischen Schwerpunkte sind Kulturgeschichte und die Religionen Asiens. Zuletzt veröffentlichte sie die Bücher »Taoismus« (2001), »Konfuzius« (2002) und »Laotse« (2003).